Day to day management RH

VOLUME II

Jean Bretin
19 Août 2017

1

Prologue

Les thèmes abordés dans ce deuxième volume du thème « Day to day management RH », traités comme des éditoriaux, sont issus des articles écrits par Jean Bretin, dans son blog « DRH autrement* » de 2006 à 2014. Jean Bretin a fait le choix de laisser ceux qui avaient pour fondement un événement d'actualité, parce que la sagesse du présent se nourrit souvent de nos expériences passées. L'objectif de l'auteur consiste à faire profiter de son expérience les nombreux jeunes qui se destinent à ce difficile mais fantastique métier qu'est celui de responsable des ressources humaines, qui s'apprend surtout sur le tas, au jour le jour ! Et, peut-être, alimenter, en toute modestie, la réflexion de ses confrères.

Diplômé en droit, sociologie et gestion, c'est sur le tas que Jean Bretin a appris son métier de RH, à partir des situations concrètes se posant à lui, jour après jour. Son esprit indépendant, et les circonstances de la vie, l'ont amené à fréquenter tous les types d'organisation ou presque, à affronter le contexte économique et juridico-social entre 1974 et 2014, et réfléchir, comme enseignant, aux relations intimes qui se nouent entre management et ressources humaines. Par ailleurs, sa personnalité atypique vient colorer ce métier de dimensions indispensables, mais rarement évoquées ailleurs, que sont l'imagination, la créativité, l'humour et le sens de la fête, et, bien sûr, une éthique des relations ainsi qu'une approche décomplexée du dialogue social.

* DRH autrement : blog de Jean Bretin ; un éditorial par semaine ; 1000 followers réguliers.

Présentation de l'auteur

Jean Bretin a commencé sa vie professionnelle comme chef du personnel d'une papeterie à feu continu de 1250 personnes, filiale de la branche emballage du groupe Saint Gobain / Pont à mousson, en 1974. Sa dernière expérience professionnelle l'a vu DRH d'une unité de plus de 2000 personnes de la Direction des constructions navales, à Toulon (DCNS- Naval Group), au moment toujours délicat de sa transition du secteur public vers le monde concurrentiel. Entre les deux, Jean Bretin a été le responsable de la communication interne de la branche papier de Saint Gobain et chef du personnel de son siège social, HRD de la filiale France d'un groupe US du secteur métallurgique et aérospatial, DRH d'une importante PME familiale du transport routier, PDG d'une petite entreprise agro alimentaire, Directeur adjoint d'une Association patronale de formation continue et de conseil, DRH d'un établissement public et commercial (EPIC), dans le secteur du logement social et enfin, formateur/consultant. Jean Bretin a également été pendant plusieurs années chargé de cours en management et ressources humaines dans des écoles de commerce et d'ingénieurs, ainsi qu'à l'Université. Personnage atypique, Jean Bretin, est un praticien de la fonction RH, qui, au travers d'une expérience large et diversifiée, y compris managériale, dans les secteurs public et privé, est en mesure de témoigner de la fonction RH dans sa diversité ainsi que dans ses liens étroits avec le management. Il a animé le blog « drhautrement.com » et a déjà écrit plusieurs ouvrages professionnels sur le thème du management et des ressources humaines :

- Le Malnagement
- DRH, ça arrache !
- Management public/privé : le choc des cultures
- DRH, l'homme du changement (du savoir faire au plaisir de faire)
- Day to day management, volume I

Management : les Anciens et les Modernes

Au sein de la population RH, la césure entre modernes et anciens est une frontière invisible qui existe. Je me souviens que les DRH de la « Personnel Association », regroupant les DRH des boîtes anglo-saxonnes à Paris, n'avaient rien de commun avec ceux de l'Andrh, ex Andcp.

Mais qu'est ce que la modernité ?

C'est être adapté à son temps, tenter de le comprendre, puis lui apporter des réponses adaptées. Donc, quels sont les problèmes RH qui se posent à notre temps, ici et maintenant, en France ? Car, vérité en deçà des pyrénées, erreur au-delà.

Défi RH N°1 : monter un plan de bataille pour renforcer le professionnalisme

Un professionnalisme imparfait : je suis stupéfait de la multiplication des travaux mal exécutés, ou services mal rendus, ici, en France. Le professionnalisme inabouti est un défi majeur posé à beaucoup d'entreprises françaises, petites ou grandes. Et cela se paye fort en rebuts, clients mécontents , clients perdus....

Défi RH N°2 : redonner à la valeur travail un goût désirable et la valeur de but humain irremplaçable.

Le dépérissement de la valeur travail : les nouvelles générations, toutes catégories confondues, n'aiment plus le travail comme les générations qui les ont précédées. Elles préfèrent s'investir ailleurs et trouver dans le travail un moyen économique de se réaliser ailleurs, ou un moyen subsidiaire de s'épanouir.

Défi RH N° 3 : les écarts de traitement et de salaires entre salariés me semblent nuire beaucoup à la cohésion de l'équipe entreprise. Il faut supprimer les statuts cadre et non cadre, réduire les écarts de salaire trop importants, supprimer les quasi avantages de classe dont profitent certains cadres supérieurs et dirigeants....

Défi RH N°4 : donner de l'air aux individus et à l'organisation.

Des fonctionnements trop bureaucratiques. A la bureaucratie papier des latins, faite d'autorisations, de visas, de signatures, s'est ajoutée une bureaucratie de contrôle, importée des entreprises US : redondance des reportings, multiplication des audits, explosion des opérations de contrôle interne. Marchant avec ces opérations de contrôle, on assiste à une renaissance de la centralisation des circuits de décision. Le tout entraîne un désaisissement important de la capacité à agir de l'encadrement et des salariés et, surtout, de l'envie de prendre le moindre risque !

La réhabilitation du leadership est le défi RH N° 5.

Un management souvent privé de capacité de leadership. Le management est un domaine où de nombreux progrès restent à produire. Il est de plus en plus difficile de trouver un décideur possédant un leadership de qualité, s'exerçant à la fois au niveau professionnel et au niveau humain. Il faut évacuer les substrats psychologiques qui ont fait du leader un ennemi de classe et de l'animateur, le nec plus ultra du Responsable. Il est grand temps de réintroduire une sélection drastique des managers, de reclasser sur les lignes fonctionnelles tous les managers dénués de la moindre capacité à entraîner et à décider. Péché suprême, il faut réhabiliter à la fois l'autorité et la capacité à consulter largement, et sans peur, son personnel.

Refonder l'entreprise pour en faire une organisation facilitante et responsabilisante est le défi N° 6 des RH, conseillers du chef d'entreprise en matière d'organisation

Une organisation trop monolithique : les entreprises ne pratiquent encore qu'avec difficulté un management objectif axé sur le résultat du centre de profit ou de coût. Les décisions managériales sont très souvent imprégnées de subjectivité, y compris au niveau du top management. Il faut réapprendre à juger objectivement des hommes et des situations. Pour ce faire, Il faut dissoudre l'organisation traditionnelle en autant de centres de profit que possibles qui, jouant le rôle de microentreprises, redonneront du sens à l'esprit d'entreprise, renforceront la motivation et permettront de juger objectivement des résultats des managers. *Small is beautiful.* La manière dont les DRH sauront s'approprier ces problèmes et les gérer marque pour moi la césure véritable entre les anciens et les modernes.

L'action du DRH

Les enjeux RH essentiels ne sont pas strictement des enjeux RH, ce sont des enjeux managériaux. Les RH doivent se garder en permanence de travailler pour leur petite usine à papiers ! Leur rôle essentiel est de servir la stratégie de l'entreprise, en faisant ce qu'il faut pour obtenir la qualité du management, de l'organisation, et du personnel, les meilleures qui soient.

Ressources humaines : la compensation carbone appliquée à la gestion des ressources humaines

J'ai parfois le sentiment que certaines personnes ne vivent pas dans le même monde que moi, qu'elles soient hommes politiques, journalistes ou DRH. Dans un cahier «Réussir» de l'Express je découvre que l'on vient de créer un observatoire de la parentalité en entreprise. L'objectif de cet observatoire, dont le fonctionnement fera quelques heureux planqués, est de permettre de soutenir les entreprises signataires d'une charte sur la parentalité, dans leurs engagements ! Loin de moi l'idée de contester tout ce qui peut être fait pour faciliter la vie des parents au travail, mais, sincèrement, un DRH n'a-t-il pas d'autres priorités que celle là ?

Je sais que « la vie personnelle n'est plus tabou au bureau », mais je croyais que nous étions en train de vivre une des pires crises de notre histoire......

Dans le même cahier, je lis que «crèches et conciergeries d'entreprise, temps partiels, congés sabbatiques, sont plébiscités par les salariés ». Quand je lis tout ça, j'ai le sentiment diffus que deux types de GRH (gestion des ressources humaines) s'appliquent à deux catégories de salariés, comme coexistent deux catégories de consommateurs : les clients low cost et les clients haut de gamme. Pour les salariés low cost, les cellules d'orientation, les bilans de carrière, les difficiles reconversions ; pour les salariés haut de gamme, les conciergeries, les crèches d'entreprise et...... la charte de parentalité. Ne rêvons pas, le monde a toujours fonctionné comme ça. Néanmoins, c'est la coexistence des situations qui pose problème. De la même manière qu'on reproche souvent à nos politiques leur train de vie dans une période difficile pour beaucoup de leurs concitoyens, il me paraît pour le moins délicat que des personnes soucieuses de gestion des ressources humaines, traitent de problèmes de conciergerie d'entreprise, au moment même où le monde est confronté à une crise d'importance et où tant de salariés sont licenciés, ou en passe de l'être, ou craignent pour leur emploi. Ou alors, je veux bien en parler, mais à deux conditions :

- La première est que je sois certain, avant de me préoccuper de conciergerie d'entreprise et de charte de parentalité, qu'il n'y a pas de problèmes RH plus importants à régler dans mon entreprise. (ce qui m'étonnerait)

- La seconde est que, à chaque fois que je crée un avantage qualifié de confort, pour mon personnel, je cherche la compensation économique de cet avantage, de la même manière que les gens soucieux d'écologie recherchent la compensation carbone d'une pollution inévitable. Car, ce qui me gène dans ces nouvelles pratiques RH, c'est qu'on a oublié que la mondialisation nous mettait dans l'obligation de nous soumettre à un régime draconien, si nous voulons survivre. « *La maison brûle et nous regardons ailleurs* » disait l'ex président Chirac au sommet écologique de Johannesburg.

On pourrait reprendre la même expression pour le management de nos entreprises !

Le monde est en train de vivre une énorme révolution économique, doublée de plusieurs crises, et nous, nous continuons de nous adonner à nos plaisirs de riches, comme si de rien n'était. Y compris dans la dimension RH. Je préconise donc, qu'à chaque fois qu'est introduite une facilité de confort pour nos salariés, on recherche sa compensation pour l'entreprise et ses clients. Par exemple, si j'accorde le mercredi non travaillé à toutes les mères de famille, je recherche avec les partenaires sociaux, la mesure qui permettra de compenser cette facilité qui va forcément générer une contrainte ou un désavantage, pour le fonctionnement de l'entreprise et par voie de conséquence, pour ses clients. Il ne me semble plus possible de travailler à sens unique parce que notre niveau de vie ne nous le permet plus. Il faut absolument adopter de nouveaux comportements RH qui consistent à introduire de la réciprocité dans tous les avantages consentis, quand ces avantages sont des éléments de confort.

L'action du DRH

Prenez de la hauteur : traitez d'abord les problèmes de fond plutôt que les problèmes de confort ou les thèmes RH à la mode. Prenez aussi conscience de votre dimension économique, en veillant à concilier développement économique et développement social. Les temps que nous vivons ne ressembleront plus au temps passé : réajustez vos pratiques RH en conséquence.

Management : les 10 qualités du manager, selon Bill Gates

1 – Choisissez un domaine d'activité qui vous plaît.

2 – Soignez vos recrutements (et sachez licencier)

3 – Procurez à vos collaborateurs un environnement productif.

4 – Donnez une définition précise de la réussite (Les objectifs)

5 – Trouvez du plaisir dans vos contacts avec vos collaborateurs.

6 – Favorisez la transmission des compétences.

7 – Soignez le moral des troupes.

8 – Prenez vous mêmes en charge des projets.

9 – Evitez de revenir sur vos décisions.

10 - Précisez bien, qui est la personne qu'il faut satisfaire.

Management : manager de crise, manager tout court

On a beaucoup critiqué Nicolas Sarkozy. Force est pourtant de reconnaître qu'il faisait un parfait manager de crise.

Quelles sont donc les caractéristiques d'un manager de crise ?

1- Le manager de crise est réactif et agit vite. C'est la raison pour laquelle il est amené à peu consulter, car c'est une trop grosse perte de temps.

2- Le manager de crise se fie à son instinct.

3- Le manager de crise n'a pas peur de prendre des initiatives hardies. C'est la condition pour surprendre l'adversaire ou le marché ou l'environnement.

4- Le manager de crise ne craint pas d'être temporairement impopulaire, s'il sent qu'il a raison avant les autres et qu'on finira par lui rendre grâce.

5- Le manager de crise est directif, parce qu'il veut maîtriser tous les paramètres du succès et ne pas risquer l'échec en sous traitant à quelqu'un de moins efficace que lui, un point même secondaire de son programme.

Ainsi donc, Nicolas Sarkozy était le prototype du manager idéal pour la crise monétaire que nous venons de vivre. Dans l'entreprise, les managers de crise sont l'idéal pour redresser des entreprises. En temps normal, on leur préférera des hommes plus sereins, plus concertatifs, toutefois dotés d'une bonne capacité décisionnelle. Parce que le corps social ne peut supporter longtemps une « économie de guerre » et un couvre feu journalier.

L'action du DRH

Il est deux écueils à éviter, quand on recrute un patron ou un cadre dirigeant :

- Confondre un manager pratiquant le management participatif et un manager mou. Cette erreur est coûtumière dans les organismes publics.

- Confondre un manager de caractère et un manager caractériel. C'est aussi une erreur couramment relevée dans le secteur privé.

Management : le paradoxe de la gestion de la productivité des cadres

Le journal « Les Echos » du 18 Novembre 2008, faisait état des résultats d'une enquête conduite par le cabinet Proudfoot Consulting auprès de 1276 managers, sur le thème de la productivité des entreprises, dans 12 pays, en Juin 2008. Cet article n'a rien perdu de son actualité en Août 2017.

Le premier constat est édifiant : les managers consacrent 34 % de leur temps à des tâches administratives soit 1,7 jour par semaine.

Et encore ne comptent-ils pas ici le temps passé en réunion ! Résultat, ce temps manque cruellement à leurs fonctions managériales, qui consistent à encadrer leur personnel, organiser leur travail et motiver les équipes. « Submergés de paperasse, ils reçoivent 10 rapports par mois, alors que 6 leur suffiraient ». On assiste ainsi à une conséquence que beaucoup pressentaient sans pouvoir le mesurer aussi précisément. Mais le plus grave n'est pas là : il est dans l'attitude paradoxale des directions qui, d'un côté, poussent leurs cadres à aller sur le terrain pratiquer le management *«by wandering around»* et, de l'autre, les pressent de reportings à établir pour hier, de mails comminatoires aussi nombreux que peu urgents, de réponses à faire, dans la semaine, aux questions du contrôle de gestion, de la DRH, du contrôle interne, de l'inspecteur du travail, du président du CHSCT, du secrétaire général, du siège à Paris, de la secrétaire du patron, de la direction de la communication. Autant de « nuisibles » potentiels qu'un cadre « ordinaire » ne peut se permettre de renvoyer dans leurs huit mètres......

C'est donc le management qui y perd et l'activité administrative qui, à chaque fois, est privilégiée.

Paradoxalement encore, tout le monde répète à l'envie, depuis des lustres, que le principal levier de productivité passe par le management ! A chaque fois, on répète qu'un personnel bien formé et motivé constitue l'actif le plus précieux de l'entreprise. Mais pour obtenir ce personnel, encore faut il lui ménager des parcours professionnels qualifiants dans l'entreprise et surveiller, au jour le jour, la courbe de température de son moral. Et ceci ne peut se faire efficacement sans la présence du « chef ». Les stages de formation et le manque d'information de la direction sont, à chaque fois, invoqués comme des alibis. Ce qui est en cause, c'est la peur de changer leur manière de travailler des directions et, par voie de conséquence, celles des les managers qui les suivent. Le même journal rappelle, dans le même article, les 6 principaux freins à l'augmentation de la productivité. On y retrouve sans surprise les grands classiques : problèmes de recrutement et manque de personnel, problèmes de communication interne, problèmes de législation et réglementation, manque de motivation des salariés, forte rotation des effectifs, qualité des superviseurs. On note, pour le même prix, les 4 leviers de progression : l'efficacité du management, le développement des ressources humaines, une communication plus claire, une formation ciblée…

Il y a 35 ans, on aurait pu dire la même chose.

Mais depuis sont nées des DRH puissantes, influentes et structurées. Des services formation ont investi la moindre PME ; des sommes colossales sont investies chaque année en perfectionnement managérial et autres formations « ciblées », les directions de la communication plastronnent à tout va. A quoi tout cela a-t-il servi , si c'est pour en arriver à un tel constat ?

En page 13 du même journal, on pouvait lire les axes prioritaires d'amélioration de la politique des DRH, en 2008.

Je constate que la conservation des meilleurs éléments est ce qui, de loin, mobilise le plus nos collègues (65%), moi qui croyais que la force d'une équipe était celle de son maillon le plus faible. L'engagement des salariés (motivation) ne vient qu'en cinquième position, avec le score modeste de 25%. L'amélioration des compétences clefs se situe quand même en seconde position, avec un score de 50%. Mais je me demande encore comment on les identifie, quand je compte le nombre de pages et la complexité des définitions de fonction et les résultats bien modestes de la démarche Gpec. Nulle part, l'amélioration des compétences managériales ne figure comme une priorité des DRH, pas plus que le souci de les dégager de la paperasse qui les paralyse. C'est pourquoi il y a fort à parier que la prochaine enquête de Proudfoot Consulting ressemblera beaucoup à celle-ci.

L'action du DRH

Ne vous écartez jamais de l'idée que le travail en profondeur, souvent obscur et rarement à la mode, est le seul qui paie sur le long terme. Parmi ces tâches obscures doit figurer, en première place, la lutte contre la bureaucratie et la sélection et le perfectionnement sans cesse optimisé de la ligne managériale. Voir notre article sur « *Le DRH face à la bureaucratie* », ainsi que « les méfaits de la pieuvre bureaucratique dans les entreprises françaises ».

Management : le tryptique du bonheur expliqué par Anne Lauvergeon, ex patronne d'AREVA

Anne Lauvergeon, ex PDG d'Areva, invitée chez Franz Olivier Giesberg, expliquait que les français, avaient besoin, pour être « heureux », que deux au moins des trois conditions suivantes, soient réunies : partager un peu de la gloire reçue par un illustre français : de celle qui entourait Louis XIV, De Gaulle ou quelque vainqueur d'une coupe du monde ; trouver son compte de rationalité : de celle qui habitait Descartes, Montaigne ou Montesquieu ...et enfin, pouvoir de temps en temps, faire bonne chère et sacrifier à la gastronomie : notre péché national. Entendre se faire plaisir au travail, et pas seulement à la cantine....

Si nous transposons ces commandements à l'entreprise, les salariés français ont-ils actuellement, quelque occasion d'être heureux ?

Pour la Gloire : est-il beaucoup d'entreprises françaises qui soient actuellement admirées au niveau mondial ? Dassault, Michelin, L'Oréal, LVMH, Airbus, Air France / KLM, Bouygues, Carrefour, Areva, Thalès, Eurocopter ? La liste est courte et a beaucoup à voir avec d'ex secteurs étatiques proches d'activités cocardières, militaires ou nucléaires. Quelques PME s'y ajoutent sans doute, sur quelque segment de marché. Mais ça pourrait être pire, grâce à l'héritage de notre capitalisme d'Etat. Surtout, il y a des efforts à faire, tout à fait à notre portée : 56% des salariés français ne connaissent pas la stratégie de leur entreprise....

Pour la rationalité : le salarié français doit creuser encore un peu plus profond. Car les patrons français figurent régulièrement dans les derniers rangs lors des enquêtes effectuées sur les qualités managériales, si l'on excepte les patrons français de quelques organismes internationaux. Nulle trace, quelque part, d'un quelconque management français qui posséderait des caractéristiques propres à affirmer la supériorité de notre rationalisme. On connaît tous les cahiers de management de la Harvard Business school ; on entend quelque fois vanter le capitalisme co-gestionnaire allemand et la remarquable participation de ses banques au capital de ses entreprises; on entend aussi vanter le modèle scandinave. Mais de french management way, jamais !

Finalement, là où nous serions les meilleurs, c'est dans le charme que les français mettent à régaler leurs collègues de travail, français ou étrangers. Nous sommes, paraît-il, agréables à fréquenter au travail. Dans les relations entre « nous », bien sûr ! Avec le patron, c'est une autre histoire. Le succès d'un film comme « les Chtis » est plus que la redécouverte de la chaleur des gens du Nord de la France ; c'est le bonheur de se retrouver « entre potes » pour affronter les affres de la vie. C'est une espèce de fraternité rigolote, simple et affectueuse. Ce bonheur, ils se le donnent entre eux, faute, souvent, de le recevoir de plus haut. Et pourtant, quand j'entends Alexis Gruss expliquer que ses chevaux sont tellement heureux qu'ils ne veulent plus sortir de piste, je me prends à regretter que les patrons français n'aient encore pas assez compris la mine de rentabilité qui sommeille sous les sabots de leur humour....

L'action du DRH

L'entreprise est trop souvent l'aventure d'un seul et la contemplation de sa propre gloire. Il vous revient de faire réfléchir le patron au moyen d'embarquer les salariés dans sa propre aventure ! Ex patron de PME, j'arrêtais mon entreprise 1/2 journée par mois pour convier tout le personnel à entendre ce que le patron et les commerciaux avaient fait le mois précédent, sans oublier la lecture des comptes, les résultats de chaque centre de profit, les prochains investissements, l'évolution du marché...Puis, nous déjeunions ensemble. Pour la rationalité, il vous suffira de remiser un peu des théories fumeuses que l'on vous sert en permanence sur le management, pour redonner toute sa place au bon sens, le vôtre et surtout, celui de vos salariés. Pour le plaisir, relisez mon article sur le plaisir au travail.

Ressources humaines : *should you really learn speaking english for work ?*

Un numéro spécial « Réussir » de l'Express, « Réussir » s'étonnait que 51% des salariés français estiment que la maîtrise d'une langue étrangère au travail n'est pas une priorité. A ce journaliste, je réponds que c'est justement parce que les salariés français n'ont pas l'occasion de parler anglais régulièrement, que le bon sens leur commande de ne pas investir inutilement, dans l'apprentissage de l'anglais.

Un peu de bon sens !

Qui, actuellement en France, a l'occasion de parler anglais régulièrement ? D'abord les salariés de grandes entreprises internationales et non les autres, à part les Dirigeants et commerciaux de quelques PME exportatrices. Mais revenons aux grandes entreprises, dans celles-ci, seuls les cadres placés à un poste qui les oblige à parler anglais, devraient s'y soumettre. Pour leurs collègues, cette obligation est le plus souvent le résultat d'un ukase directorial, qui a choisi l'anglais comme langue de travail. Cela fait finalement peu de gens, sauf si l'on considère comme devant être parfaitement anglophones, ceux qui auront à converser en anglais une ou deux fois par an. Mais ceux là ne sauront pas parler correctement ce jour là, s'ils ne le pratiquent pas au quotidien. Il faut arrêter de dire que tout le monde doit parler anglais pour travailler, surtout en France, où presque un français sur deux travaille pour l'Etat, ou dans des professions indépendantes ouvertes au seul marché français. En la matière les incantations ministérielles ou académiques n'y changeront rien !

Deux situations expriment le mieux nos obligations linguistiques :

Ou bien l'on travaille dans une entreprise qui parle anglais au quotidien, et ses salariés finissent de gré ou de force à parler anglais. Ou bien on est « exposé » à parler anglais, sans le pratiquer au quotidien, et tous les cours d'anglais prodigués, sont de l'argent versé dans un puit sans fond !

L'action du DRH

Arrêtez d'envoyer en formation d'anglais des salariés qui n'ont pas l'occasion de le parler régulièrement et qui donc ne le parleront jamais correctement ! Si des salariés veulent parler anglais pour d'autres raisons, laissez les utiliser le DIF.

Management : une histoire de productivité administrative

Dans les entreprises industrielles en général, on est très soucieux de productivité. Mais surtout de la productivité de «ceux des ateliers». Pour eux, on n'est pas regardants sur les analyses et les coups de stéthoscopes des nouveaux chrono-analyseurs. On est beaucoup mois regardant sur la productivité dite administrative. Dans les PME et les TPE, il n'y a rien à dire, bien au contraire. Le personnel de bureau, ici, y est plutôt pressuré comme il faut. Mais le travail est varié et intéressant et si le patron est convivial, ça passe ! Dans les administrations et entreprises privées importantes, la contemplation d'une journée type d'une ou d'un administratif mérite le détour et ne laisse jamais de surprendre.

La voici racontée par une survivante de cet affreux cauchemar quotidien

Dès l'embauche, les sévices commencent : ½ heure à la machine à café n'est pas de trop pour se remettre du film de la veille, ou des embouteillages du matin. Puis vient l'heure de la technologie, avec la lecture assommante des mails de la soirée et de la nuit. Il s'en est passé des choses depuis 16H30 ou 17H, la veille ! Une bonne heure y suffit à peine. Les ¾ des messages sont des messages indirects qui ne m'arrivent que pour info. Le peu de message qui reste et qui sollicite une action de ma part, fait l'objet d'une courte réponse, accompagnée le plus souvent de l'inévitable « bisous » à la copine ! Il est déjà 10H du matin (je suis arrivée à 8H30). Une pause café va donner le petit coup de fouet nécessaire pour terminer cette matinée. Il est 10H15. Il faut que je prépare mes affaires, j'ai réunion de service à 10H30. Cette réunion ne me concerne que de loin, mais la chef me fera la gueule si je n'y vais pas. Elle est interminable de lieux communs cette réunion. A 11H45, tout le monde commence à tanguer sur son siège. Il ne s'agit pas d'attendre aux portes en arrivant en retard ! A 11H50, ouf ! On peut quitter la salle. A 12H, je suis à la porte. Dès 13H30, je suis à l'œuvre, je vais enfin pouvoir attaquer le premier dossier de la journée. Je suis vite stoppée dans mon élan : il manque une pièce.Tant pis, je le reprendrai demain. J'en reprends un second. A peine l'ai je ouvert que ma copine Stéphanie m'appelle pendant 30 minutes pour me parler de son ex. Je ne peux quand même pas lui raccrocher au nez. Question d'humanité. Il est 15H. Juste le temps de prendre un petit café, de passer aux toilettes et je continue. Le second dossier mérite l'avis du chef. Je me dirige vers son bureau. Il est absent. Je me renseigne. Il est parti vers la photocopieuse.

Elle est en panne. Il me demande si je peux l'aider au débourrage. « Laissez moi ! » Lui dis-je. En deux minutes, j'ai gagné ma journée en lui montrant mon sens pratique et ma dextérité. Il m'offre un café. Je lui dis que j'en ai déjà pris un, mais que j'en prendrai bien un second. Nous parlons de l'émission de télé de la veille. Il est 15H30. Je regagne mon bureau. J'ai oublié de lui parler du dossier. Je n'ai pas envie de retourner le voir. Il est déjà assez lourd comme ça avec moi. Tout le monde sait qu'il aime les femmes. Tant pis, je lui en parlerai demain.il est 15H45. J'ai promis aux enfants de rentrer tôt ce soir. J'ai 4 heures de crédit à mon compteur d'horaires variables. La fin de la plage fixe est à 16H. Il est l'heure de préparer mes affaires, ranger mon bureau et partir. Au revoir et bises à ma voisine Charlotte. A demain.

Commentaire : je comprends maintenant pourquoi tellement de gens souffrent de stress au travail : ils mènent une vraie vie de fous ! Pour les cadres dits fonctionnels, y compris au plus haut niveau, vous ajoutez 3 réunions supplémentaires et vous avez le même résultat. La seule différence, c'est qu'ils coûtent beaucoup plus cher à l'entreprise que cette employée administrative. Ils ne sont qu'à moitié responsables de cette situation. Le jour où leur patron aura enfin décidé de leur lâcher la grappe et de leur donner une vraie autonomie et une vraie responsabilité, ils n'en seront que plus fatigués, mais surtout plus utiles et plus heureux! Ainsi va le petit monde de l'entreprise centralisée et bureaucratisée.

Ressources humaines : une rémunération «au mérite» pour les fonctionnaires, a-t-elle du sens ?

Rectifions d'abord le vocabulaire ; le mérite est un mot qui a du sens dans le vocabulaire religieux chrétien ; il n'en a pas en économie. En effet, un salarié peut être méritant et inefficace et l'inverse. Mieux vaudrait parler de rémunération à la performance. Mais alors, qu'appelle-t-on performance ? Pour Wikipédia, dans le domaine de la gestion, la performance est le résultat ultime de l'ensemble des efforts d'une entreprise ou d'une organisation. Ces efforts consistent à faire les bonnes choses, de la bonne façon, rapidement, au bon moment, au moindre coût, pour produire les bons résultats répondant aux besoins et aux attentes des clients, leur donner satisfaction et atteindre les objectifs fixés par l'organisation. Appliquée à l'individu, pour d'autres auteurs, la performance est la stabilité et la fiabilité de réponse, en terme de relation, qualité, coût et délai. La formule : faire bien du premier coup, tout de suite, tout le temps, avec le sourire, avec les autres pourrait constituer un bon raccourci.

Mais ceci n'est pas de la performance. C'est simplement faire bien son travail,

...le faire comme il doit être fait, comme il devrait être fait. Finalement, compte tenu de la médiocrité des manières de faire courantes, on assiste petit à petit à un glissement : ce qui devrait être bien fait dans tout processus normal de travail, est devenu une performance. Les modes de rémunération ont suivi la même pente en terme de vocabulaire. Petit à petit, en effet, la rémunération contractuelle est devenue rémunération à la performance. La rémunération à la performance, globalement, n'est pas devenue plus avantageuse que la rémunération contractuelle. Simplement : les augmentations variables individuelles dites « à la performance ou au mérite », se sont substituées, petit à petit, aux augmentations générales + primes, antérieures.

Au-delà de cette observation, qui concerne aussi les entreprises privées, l'instauration d'une rémunération à la performance, n'a, selon nous, pas de sens dans la fonction publique, pour les raisons suivantes :

- Pour prendre tout son sens, une rémunération à la performance doit s'inscrire dans une organisation performante. Il est difficile d'être performant dans une organisation médiocre. J'en ai, hélas, fait à plusieurs reprises le constat !

- La culture managériale doit elle-même être une culture de la performance : comment l'imaginer dans la fonction publique où il est de règle que les notes fluctuent, pour tous les agents, entre 18 et 18,5 !

- Enfin, nous faisons confiance aux syndicats, et à une hiérarchie depuis longtemps anesthésiée ou contrainte, pour que, globalement, tous les agents s'en tirent avec de bonnes primes, sans avoir eu à forcer outre mesure leurs talents. Il suffira de fixer des objectifs tout à fait acceptables, disons, raisonnables, et ce de manière participative, bien entendu, comme tout ce qui concerne la gestion du personnel, dans la fonction publique.

Pourquoi faut-il travailler le dimanche ?

Décider d'autoriser le travail le dimanche fait partie de ces décisions que l'on prend, portés par les vents du moment, sans vraiment explorer, au fond, les raisons que l'on a, ou pas, de la prendre.

Parmi les raisons que l'on a de travailler le dimanche, on pourrait dénombrer :

- Les facilités plus importantes accordées aux touristes de la première destination mondiale.

- L'occasion d'augmenter le salaire de certains salariés.

- Le fait que la pratique religieuse chrétienne ne représente plus qu'un petit pourcentage de citoyens de la nation fille aînée de l'Eglise.

- La fait que la consommation 24/24 H soit devenue la norme

- Faciliter la vie des parents accaparés par d'autres activités et toujours à la recherche du temps

Parmi les raisons de préserver le repos dominical, on pourrait invoquer :

- Le fait que les primes doublées des salariés du dimanche ne pourront pas ne pas avoir une incidence sur le pourcentage d'augmentation du montant des salaires de base ; car, finalement, le montant de la dernière ligne, celle du salaire net, impressionne toujours un peu le patron.

- Le repos du dimanche est aussi, faut-il le rappeler, autant une conquête sociale qu'une nécessité physiologique.

- Un intérêt de service très exagéré pour nos touristes : les touristes sont loin d'être abandonnés le dimanche : les boulangeries, les fleuristes, les petites épiceries de quartier, sont souvent ouvertes le dimanche matin, de même que les hôtels, restaurants, campings....

- Surtout, le dimanche est une occasion familiale exceptionnelle de réunir des familles éparpillées, sacrifiant déjà toute la semaine aux nombreuses sollicitudes du travail ou de la consommation.

Finalement, on n'a pas vraiment d'autre bonne raison d'ouvrir le dimanche que de sacrifier une fois de plus au culte suprême d'une consommation débridée qui a déjà fait de nous des matérialistes sans frontières. C'est d'un supplément d'âme et de spiritualité dont notre société a besoin. Pas d'un supplément de consommation. C'est d'un supplément de sport et de culture aussi ; mais stades, cinémas et musées sont déjà ouverts. Alors, finalement, contrairement à une première approche, l'ouverture des magasins le dimanche n'est pas vraiment un progrès pour l'homme, sauf si on le réduit à l'état de consommateur. Tout au plus, peut-on concéder qu'elle ne s'impose que sur les sites fréquentés par les touristes et à condition d'en dresser la liste par ville et département.

Management : réapprendre à conjuguer liberté et responsabilité

Il est un temps où ces deux mots allaient ensemble, du moins dans les pays démocratiques pratiquant l'économie de marché. Les avocats de la libre économie et du marché plaidaient pour la liberté au nom de la responsabilité : «*Pour être responsable, il faut être libre*», disaient-ils. Et ils avaient raison ! Je ne suis conduit à me comporter en responsable, vis à vis des autres, que dans la mesure où je maîtrise d'abord mon destin. Les avocats de l'économie « dirigée » répondaient qu'il ne saurait y avoir de liberté formelle sans liberté économique. Et qu'en conséquence, l'Etat se devait d'être le garant de la liberté économique en y jouant un rôle de premier plan. Quitte à rendre les gens dépendants et donc, forcément, moins libres donc moins responsables.

Les tenants de l'économie dirigée ont tous vu comment toutes les économies étatiques ont fini, il n'y a pas si longtemps.

Non seulement les hommes n'y étaient pas riches, mais ils n'y étaient pas libres, non plus ! Que des thèses tentent de faire renaître, aujourd'hui en France, la modernité et les avantages d'une telle économie, démontre l'inculture politique de nos concitoyens, à l'exception notoire des démocratures qui, telles la Chine, parviennent, en ce début de XXI ème siècle, à conjuguer libre économie et régime autoritaire. Mais je doute que les français rêvent d'un régime à la chinoise…

Quant aux tenants du marché auto régulé, on vient d'assister à tout le contraire :

Un marché devenu fou de s'être dégagé de l'économie réelle, pour opérer les pires spéculations financières, dans la recherche de gains de plus en plus considérables. A coté de cela, la Chine est en train de tenter de faire cohabiter le capitalisme le plus débridé dans un système politique totalitaire. Soit la plus grande liberté économique dans la plus petite liberté formelle. Jusqu'à quand ? Pas de liberté sans responsabilité est un axiome qu'il faut rappeler avec force. Le marché ne fait pas preuve d'esprit de responsabilité quand il laisse se développer une spéculation purement financière, et complètement déconnectée de l'économie réelle. Les conseils d'administration des entreprises ne sont pas responsables quand un Dirigeant d'une société du CAC 40 gagne 315 fois le salaire d'un Smicard.

Les Banques ne sont pas responsables quand elles faillissent à leur mission pour se livrer à la spéculation.

Tous les acteurs économiques sont fortement appelés à la responsabilité s'ils veulent conserver la liberté qui est la leur.

Le retour à l'interventionisme étatique n'est pas responsable s'il signifie la fin d'une certaine liberté d'entreprendre. En ce début du troisième millénaire, il reste à inventer une nouvelle manière de conjuguer liberté et responsabilité, sans signifier un retour aux errements du passé.

Ressources humaines : une nouvelle grille d'appréciation annuelle tenant compte des qualités personnelles.

En théorie, on apprécie d'abord les résultats, puis les comportements professionnels, enfin les comportements personnels. Beaucoup d'imprimés d'évaluation refusent de considérer les qualités et comportements personnels. C'est une erreur : dans la réalité, le style de l'homme, entendre son comportement et ses qualités personnelles, sont indissociables des résultats de son action. Parce que l'homme n'est pas une machine avec des données d'entrée et des données de sortie. C'est un phénomène complexe en inter action permanente avec son environnement et dont l'action mesurable n'est que l'un des effets produits par lui sur son environnement. Ne me dites pas qu'un salarié qui ne sourit jamais et ne coopère pas, effets non quantifiables, n'a pas d'effets sur son environnement ! C'est pourquoi l'on ne peut faire l'impasse sur l'appréciation des qualités personnelles dans l'imprimé d'évaluation. Il suffit d'examiner ce qu'apportent à l'action, des qualités personnelles (et valeurs) adaptées :

Les PLUS des qualités personnelles

1 – Faire son travail de manière professionnelle (qui inclut le savoir être)

2 – Être coopératif avec les autres

3 – Être agréable, souriant

4 – Avoir de l'humour, ne pas se prendre au sérieux

5 – Rester à son travail, après l'heure, pour finir un travail urgent

6 – Savoir distinguer l'essentiel et l'accessoire

7 – Aller aux seules réunions où j'apporte de la valeur ajoutée

8 – Agir vite et bien, être réactif

9 – Être créatif et innovant

10 – Faire preuve d'esprit de synthèse

11 – Avoir la volonté de concilier

12 – Ne pas vouloir toujours plus, quand on a déjà beaucoup ; penser aux autres.

13 – Faire la fête avec l'équipe de travail

14 – Privilégier l'action; savoir décider rapidement, après avoir réuni tous les éléments de la décision

Les MOINS des qualités personnelles

1 – Faire son travail normalement. (c'est à dire, souvent, faire le minimum)

2 – Flatter son patron et dénigrer les collègues.

3 – Ne jamais rendre son travail à temps.

4 – Rendre un travail imparfait, non professionnel

5 – Se prendre au sérieux.

6 – Ecraser les autres, manipuler, pour faire carrière.

7 – Imposer son air sérieux et triste aux autres.

8 – Ne jamais sortir du cadre strict de son travail, pour faciliter un service ou une action.

9 – Ne pas déléguer, vouloir tout contrôler par soi même.

10 – Se perdre dans les détails.

11 – Ne pas dire la vérité, ne pas communiquer, ne pas transmettre.

12 – Faire passer la loi ou le règlement avant l'éthique ou la justice.

13 – Privilégier la forme au fond.

14 – Réussir ses objectifs sur le dos des autres et en oubliant les missions essentielles de son poste.

Management : change, we can....

Nous avons applaudi au slogan de campagne de Barack Obama : « *change, we can* ! », mais ce changement que nous souhaitions ardemment aux citoyens US, il était et reste aussi à faire, chez nous ! Moins facile.....

1- Simplifier le code du travail, le réduire de 75%.

2- Ouvrir le capital des entreprises à tous les salariés et supprimer toutes les formes d'intéressement qui y ressemblent, sans en être (participation, intéressement, stock options

3- Pouvoir créer une entreprise en 24 heures.

4- Faire de l'entreprise le principal lieu de négociation sociale, supprimer les conventions collectives et les négociations de branche.

5- Unifier la représentation des salariés en une seule instance.

6- Imposer au moins une instance de représentation des salariés dans toutes les entreprises, compte tenu du monopole de négociation sociale de l'entrepreneur.

7- Mettre en concurrence le programme social du patron et celui du syndicat arrivé en tête du choix des salariés, après la tenue de primaires. Celui qui obtient le plus de voix s'impose : de facto si c'est celui du patron ; après négociations, si c'est celui du syndicat.

8- Revoir toutes les charges et contraintes indues qui pèsent sur l'entreprise et l'emploi. Faire «une nuit du 4 Août » des charges de l'entreprise et de toutes les contraintes sans valeur ajoutée pour l'entreprise ou les salariés.

9- Imposer aux collectivités de faire des investissements les plus utiles à la collectivité : moyens de transport, crèches, restaurants à bas prix, parkings, logements sociaux...avant les dépenses de prestige et autres dépenses.

10- Donner à chaque salarié un crédit formation ; supprimer l'obligation légale.

11- Rétablir l'impôt pour tous, proportionnellement à ses revenus. Faire le prélèvement à la source.

12- Ouvrir les conseils d'administration à des représentants du personnel qualifiés et formés, comme en Allemagne.

13- Ouvrir les universités 12 mois sur 12 et permettre aux salariés de suivre gratuitement des cursus pendant leurs RTT, congés, journées de formation…..

14- Réorienter l'utilisation des budgets des comités d'entreprise vers une finalité plus sociale.

15- Eclater le poste de DRH en Médiateur social d'un côté et Gestionnaire des ressources humaines, de l'autre. Ce poste est mutualisé dans les TPE et PME.

16- Transformer le salaire brut en salaire net, à l'exception des cotisations sécurité sociale. Les salariés ont la possibilité de cotiser à des fonds de prévoyance complémentaire et retraite abondés par l'entreprise.

17- Former tous les salariés à l'économie ; les aider à bien gérer leurs fonds de prévoyance complémentaire et de retraite.

18- Supprimer les grilles de qualification, les statuts cadre et non cadre. Ne conserver que deux catégories : professionnel et non professionnel (avec des échelons dans ces deux catégories, pour tenir compte de l'expérience, du niveau d'implication, de la valeur ajoutée individuelle). Supprimer l'incidence automatique des diplômes sur la rémunération. Formation obligatoire au professionnalisme pour tous les salariés, dans les écoles professionnelles et à l'entrée dans l'entreprise.

19- Imposer des enquêtes de satisfaction annuelles auprès du personnel

20- Instaurer une «Déclaration annuelle du Patron au personnel», faisant état de la situation économique et sociale et des relations sociales.

21- Favoriser le télé travail, le travail partiel, les cumuls emploi/ retraite.

22- Imposer un quota de postes à réserver aux chômeurs âgés et aux jeunes issus de la Diversité, dans l'administration et les collectivités locales.

23- Imposer la discrimination positive, dans le privé, pour les salariés demandeurs d'emploi âgés de plus de 55 ans. A condition qu'ils acceptent la mobilité, des diminutions justifiées de salaire et des périodes d'adaptation au poste jugées satisfaisantes.

24- Supprimer tous les contrats aidés.

25- Revoir complètement le système d'accompagnement des demandeurs d'emploi.

26- Concevoir un programme scolaire destiné à faire des jeunes français de futurs citoyens adultes, responsables et pro-européens et non de futurs assistés chauvins. Insérer une formation sur la connaissance de la vie des entreprises et le moyen de créer la sienne.

27- Mettre l'éthique et la philosophie comme matières obligatoire dans toutes les écoles.

28- Mettre en place un service national de l'orientation professionnelle, obligatoire pour les jeunes, à diverses étapes de la scolarité, et pour les adultes, lors des accidents de carrière. Il est composé essentiellement de cadres seniors expérimentés.

En deux mots, tout faire pour faciliter la vie des créateurs d'emplois.

Management : nos Mac Cain* et nos Obama.

Dans nos entreprises aussi, nous avons nos Mac Cain et nos Obama. Mac Cain, c'est le courage et l'action prouvées. Obama, c'est le verbe et des promesses d'action. Obama plaît beaucoup aux français parce que le charme passe par le verbe, parce que le français est un idéaliste qui croit aux discours humanistes, parce que Obama est jeune, beau et sympathique, parce qu'il est noir et que la case de l'Oncle Tom risque de connaître son plus beau chapitre ! Mac Cain, c'est le vieux, le vilain, le méchant, celui qui incarne le mal et la guerre. La preuve : il n'hésite pas à s'entourer d'une diablesse, la méchante sorcière Sarah Paulin.

Dans nos entreprises, si nous regardions bien, nous trouverions plein de patrons typés Mac Cain.

Ces clones de Mac Cain travaillent de préférence dans un certain type d'entreprises : les entreprises anglo-saxonnes, l'industrie, la grande distribution, le bâtiment et le génie civil, les PME en relation avec les grandes entreprises, les constructeurs automobiles, le transport routier. Ils travaillent là, parce que ce qui compte c'est d'agir vite et vivement. Parce que ce qui compte, c'est de profiter au mieux du monde tel qu'il est, pas de le transformer, ni de le rendre vertueux. Ce qui compte, c'est d'être fort et de gagner.

Un certain nombre d'autres secteurs choisit de préférence des profils Obama :

la banque, les coopératives, les mutuelles, le secteur public, les associations...Dans ces organisations de culture très politique, ce qui compte c'est de maîtriser le verbe, de plaire et, surtout, ne fâcher personne. Même si les choses sont plus complexes, il n'en reste pas moins que les fondamentaux des entreprises et des organisations restent culturellement très marqués par l'esprit qui a présidé à leur création, leur finalité d'origine. Idéalement, on voudrait que Mac Cain soit noir, jeune et beau et parle d'or. Idéalement, on voudrait qu'Obama se soit durci le cuir au Viet nam et qu'il ait déjà montré qu'il était un homme d'action et de décision, quelqu'un qui ne reniera pas ses promesses une fois élu, un nouveau Kennedy, épris de paix, qui ne ferait pas le débarquement de la baie des cochons, à Cuba, ni le Viet nam. Mais ce n'est pas possible. Alors entre le verbe et l'action, il faut choisir !

Je sais : c'est dur de sortir du rêve. Pour moi, aussi.Je voterais sans doute Obama, mais je me serai prévenu pour la suite !

John Sidney McCain III,

Né le 29 août 1936 sur la base militaire américaine de Coco Solo (zone du canal de Panama), John Mac Cain est un vétéran de la guerre du Viêt Nam et homme politique américain, membre du Parti républicain et sénateur de l'Arizona au Congrès des États-Unis depuis 1987. Après avoir tenté, sans succès, en 2000 de recevoir l'investiture républicaine pour être le candidat du parti à l'élection présidentielle, il est huit ans plus tard le candidat républicain à l'élection présidentielle de novembre 2008, qu'il perd avec 45,7 % des voix et 173 grands électeurs, face à Barack Obama, qui obtient 52,9 % et 365 grands électeurs. John McCain fait figure d'électron libre au sein de son propre parti. Si plusieurs de ses idées rejoignent la ligne du GOP (opposition à l'avortement et au mariage des couples homosexuels), certaines s'en éloignent — sensibilité écologique, volonté d'assainir le financement des campagnes politiques, condamnation de la torture en Irak et à Guantanamo.....

Management : « *Papa, dessine moi un patron carriériste, dans le secteur public* »

1 – le carriériste est d'une politesse exquise.

Souvent de bonne extraction et de milieu bourgeois, le carriériste a fait les meilleures écoles et a pour modèle son grand oncle qui a fini sa carrière comme directeur de réseau à la SNCF, après être sorti, dans la botte, de polytechnique. Pour le plaisir, un MBA acquis à très grande vitesse fera l'affaire. Sa mise est soignée, sa politesse, exquise. Dès l'entrée dans son bureau, il sonne sa secrétaire pour vous offrir un café et fait passer les dames après lui, quand il entre dans une salle.

2 – Le carriériste ment avec délice et ne vous fait jamais de « rentre dedans ».

Il retient ses coups de manière sournoise. C'est un boxeur malin ! Les mauvaises nouvelles arrivent toujours par en dessous, par courrier, ou via le DRH local. Sa bonne éducation et sa position supérieure lui évitent le désagrément de s'expliquer sur ce qu'il vous reproche.

3 – Le carriériste n'est jamais responsable.

Le moindre risque d'avoir à rendre compte l'effraie. Aussi exerce-t-il une sévère politique préventive en déléguant largement les problèmes à ses proches. Quelques délégations de signature savamment étudiées par le barreau local feront l'affaire. Si, par accident, un dysfonctionnement se produit, il n'a pas son pareil pour trouver le coupable.

4 – Le carriériste a peur de tout.

Traumatisé dans son enfance par les reproches de son père quand il n'avait pas 18 en maths, le carriériste a peur de tout. La moindre rencontre avec le moindre représentant du personnel le met en émoi. Le moindre appel téléphonique du secrétaire de la CGT lui fait « *faire pipi dans culotte* ». Aussi, prend-t-il un soin jaloux à préparer la moindre ligne de ce qu'il va dire au cours de la prochaine réunion du comité d'entreprise. S'il veut manifester une opinion désagréable, il se tourne, en réunion, vers son DRH , lui disant d'un regard : « *vas y toi, c'est ton boulot de te faire mal voir* ! »

5 – Le carriériste mobilise.

Le carriériste n'a pas son pareil pour faire mousser la plus petite de ses initiatives. Aussi, le cadre le plus important pour lui est son Dircom. L'énergie qu'il met à se faire reconnaître brillant et innovant, lui prélève un temps important à son activité de manager ainsi qu'aux vrais problèmes de son entreprise. Le comble, pour lui, consiste à se faire reconnaître comme le manager de l'année par un quelconque magazine, sans avoir rien fait d'autre que de faire mousser le travail quotidien de tout manager.

6 – Le carriériste est l'admirateur zélé de « qui tient sa carrière ».

Pas fou, le carriériste. En tout cas pas au point d'énoncer la moindre critique envers celui qui tient dans les mains son avancement. Aussi, consacre-t-il beaucoup d'énergie, comme un enfant, à raconter à son papa de patron, ce qu'il fait au quotidien, de manière à éviter de le froisser en quoique ce soit, en prenant une initiative malheureuse. Faute avouée est déjà pardonnée. Quand il sera le grand chef, il fera ce qu'il voudra, et souvent le contraire de ce qu'a fait son bienfaiteur, remisé en position de retraité, en attendant. Le carriériste n'est pas étouffé par l'éthique : c'est d'abord un pragmatique.

Management : connaissez vous les 14 points de Deming ?

On connaît bien la roue de Deming (Plan, Do, Check, Act) ; on connaît moins ses principes. Et pour cause, ils viennent à rebours de toute une série d'outils et de pratiques managériales ! William Edward Deming (1900-1993) compte parmi les acteurs les plus importants pour l'intégration de la qualité dans la démarche des entreprises. Il est un acteur déterminant dans le redressement économique du Japon d'après-guerre. Sa pensée se caractérise par une véritable analyse des données, appuyée sur un système de connaissances profondes. Avec lui, le client devient le centre de l'entreprise. Il reste célèbre aujourd'hui pour la force de son esprit de synthèse.

Les 14 points de Deming sont un exemple de l'excellence de sa pensée puisqu'ils synthétisent tout le mouvement de la qualité totale.

Cette démarche s'adresse aux dirigeants.

1. Gardez fermement en vue l'objectif d'améliorer les produits et les services. La recommandation s'applique à la démarche quotidienne de l'entreprise pour « viser la qualité au quotidien», mais aussi à la stratégie long terme : investir dans la recherche, l'innovation et la formation.

2. Adopter la nouvelle philosophie. La qualité ne peut être que totale. Tout atermoiement doit être interdit.

3. Mettre fin à la dépendance à l'égard des inspections. Pour atteindre la qualité totale dès le début, tel que le principe vu ci-dessus l'a stipulé, suppose d'établir, dès l'origine, des processus de qualité. Une fois en place, le processus doivent faire l'objet de contrôles afin de rétablir tout fléchissement.

4. Mettre un terme à la pratique des achats au plus bas prix. Le critère déterminant est la récurrence de qualité des produits fournis. Appuyée sur des résultats statistiques, la relation avec le fournisseur est vue sur le long terme.

5. Améliorer constamment et toujours le système de production et le service. Les statistiques servent à rechercher et prévenir les problèmes. Le but étant l'amélioration continue du système.

6. Etablir un système de formation. En réaction au taylorisme, Deming intègre le personnel dans la démarche qualité. La formation et le développement professionnel sont pour lui déterminants de la réussite.

7. Adopter et instituer le leadership. La mission de l'encadrement est de créer une émulation au sein des équipes.

8. Faire disparaître la peur. Dans la nouvelle relation qu'implique une démarche de qualité totale, chacun doit se sentir libre de parler ouvertement.

9. Eliminer les barrières entre les services. L'échange entre les services bénéficie à l'entreprise.

10. Eliminer les slogans, les exhortations et les objectifs de rendement. Toute l'énergie doit se porter sur la maîtrise du système.

11. Eliminer les quotas de production et les objectifs chiffrés. Ces quotas créent un triple risque. D'abord, le risque de favoriser la quantité, ensuite, celui de générer de la médiocrité, et pour finir, le risque d'un management dicté par la menace des objectifs.

12. Supprimer les obstacles à la fierté du travail. Il faut valoriser les efforts des employés. Faire valoir l'importance du rôle des opérationnels.

13. Encourager l'éducation et l'amélioration de chacun. La compétitivité naît de l'intégration de l'information au sein de l'entreprise.

14. Agir pour accomplir la transformation. C'est au directeur général de construire sa structure pour qu'elle tende à satisfaire les 13 objectifs vus plus haut.

Renault, 2008 / 2017

En fin d'année 2008, nous écrivions : « Renault va mal. Et la crise est insuffisante à expliquer ces difficultés. Finalement Renault incarne un type de management bien français, dont nous allons essayer de synthétiser les mauvaises habitudes :

1 – Trop d'orgueil pour apprendre des autres

Que d'orgueil faut-il pour prétendre, il y a quelques années, incarner le créateur d'automobiles ! Comme si les concurrents se trouvaient ravalés tout à coup au rang de futiles assembleurs. Cet orgueil, très commun aux français, n'est pas de l'ambition, il est de la suffisance. Gallo-centré, il empêche de voir le monde tel qu'il est et surtout de voir ce que les autres font bien, voire mieux que vous. Le bench marking est bien à l'ordre du jour.

3 – L'intellectualité et le concept, plutôt que l'écoute du marché.

Le constructeur français, tout à la contemplation de l' éclat de son esprit brillant, a nié le marché pour donner la préférence à ce que j'appellerai une sorte d'intellectualisme industriel. En partant du succès de l'Espace (faut-il rappeler que les van existaient aux US depuis longtemps et que l'Espace est la copie du *Voyager* de Chrysler) la direction marketing de Renault a décidé que les clients ne donnaient désormais plus d'importance qu'à un type de voiture : les voitures à vivre, réservant un espace intérieur privilégié, modulable, avec des niches de rangement partout. C'est ainsi que Renault a décidé que les seules voitures intéressantes pour le client seraient des monospaces déclinées à tous les niveaux de la gamme : Twingo, Modus, Scénic….Par voie de conséquence, l'esthétique devenue secondaire, Renault a crée une série de voitures aussi laides qu'étranges : Avantime, Vel Satis, niant délibérément que le client souhaitait aussi des voitures belles ! Le directeur du style de Renault est néanmoins toujours en poste Poursuivant dans ses mauvaises intuitions, Renault a nié les nouvelles niches que constituent les 4X4 et les hybrides. Il y vient, mais beaucoup trop tard et le marché des 4×4 s'est renversé. Autre erreur marketing majeure, celle de croire que le client recherchait une voiture bourrée de gadgets électroniques. De la voiture qui parle (R25), à la voiture sans clé, en passant par le multiplexage, Renault a tout essayé, en multipliant les clients mécontents des pannes multipliées de ces gadgets inutiles. Les voitures concurrentes en sont maintenant équipées, mais la fiabilité est maîtrisée. Les clients allemands, propriétaires d'une Laguna 1 ou 2, ne commanderont plus jamais de Renault ....

3 – Un management qui ne se remet pas assez en cause

Comment Renault a-t-elle pu montré tant d'ardeur en matière de lutte pour la qualité en usant et abusant du management de la qualité et de ses lourdes procédures, et continuer à mettre sur le marché des voitures réputées pour leur manque de fiabilité ? Les japonais maîtrisent totalement la fiabilité de leurs véhicules depuis les années 80, alors que pendant des années les amateurs de voitures de Renault se plaignaient des problèmes permanents de fiabilité de leurs véhicules, sans être entendus. Professer si haut la qualité de son management et de son professionnalisme pour de tels résultats aurait mérité, pour le moins, une profonde remise en cause du management. Les ouvriers de Toyota city font en moyenne 6 à 8 suggestions d'amélioration par an, presque toutes retenues. Elles sont bien évidemment payées. Comment peux-t-on se prétendre socialement exemplaire, et lier aussi étroitement progrès social et économique, pour en arriver là ? La Laguna 3 est, semble-t-il, enfin fiable....Mais les clients reviendront ils après avoir goûté aux Audi , Bmw, Volvo et autres Mercédes ? Aussi belles que fiables et cossues.

4 – une GRC (gestion de la relation client) très perfectible.

La réception client dans les concessions françaises ne manque jamais de me surprendre. J'ai l'impression que la pendule des concessionnaires auto s'est arrêtée dans les années 60, quand il fallait attendre 6 mois ou plus, le privilège de devenir possesseur d'une voiture. Souvent, personne ne s'occupe de vous. Vous repartez comme vous êtes entré sans que quiconque ait daigné s'intéresser à vous. Vous avez le désagréable sentiment d'être en position de quémandeur venant solliciter le privilège qu'on veuille bien vous vendre une automobile....Si vous venez faire réparer votre voiture, le personnel vous montre un détachement d'hôtesse de l'air et vous écrase de sa supériorité de vendeur ou réparateur d'automobile. Quelle différence avec l'accueil réservé dans les concessions japonaises où vous avez le sentiment d'exister, d'être important et où le vendeur fait de vrais efforts pour faciliter la vente ou la réparation. Toutes ces erreurs et fautes se cumulent pour produire la situation que l'on sait.Il n'y a pas de miracle. La première cure que doit faire Renault est une cure de modestie et de pragmatisme. Et surtout, revoir complètement son marketing. Le « créateur d'automobiles » est capable de réussir autre chose que des petites voitures ou des voitures low cost. Dommage qu'une fois de plus, ce sont des centaines de salariés qui vont trinquer !

L'action du DRH.

L'entreprise, pour bien fonctionner, exige autre chose que de bonnes intentions, comme on l'enseigne trop souvent en France. Le facteur humain fait la différence, mais seulement si les fondamentaux du management sont satisfaits : produits fiables et de qualité, managers possédant un fort leadership et cultivant le sens de l'initiative et de la responsabilité, organisation sans faille, culture du professionnalisme à tous les étages, auto contrôle qualité plutôt que bureaucratie qualité, climat convivial, circuits de commercialisation adaptés et sans reproche...Le facteur humain ne fait la différence ....qu' à compétence égale ! »

En Août 2017, Carlos Ghosn annonce que Renault/ Nissan, qui vient de mettre la main sur Mitsubishi, sera le 1er constructeur mondial à mi-année. Preuve que lorsqu'ils ont un manager du gabarit de Ghosn, les français sont capables du meilleur ! Deux réserves : la gestion de la relation client reste à la traîne, je l'ai encore constaté récemment. Et Renault doit encore beaucoup travailler pour prétendre au haut de gamme (voitures premium). Allez ! Encore un effort !

De l'importance d'un passage à l'opérationnel pour être un « bon » DRH

Les représentants français du personnel découvrent que les DRH sont la courroie de transmission de la direction et appliquent la stratégie d'entreprise, surtout celle de la réduction des coûts. Les nouveaux DRH ne s'occuperaient que des hauts potentiels, ne connaissent du travail que ce qu'ils déduisent d'une batterie d'indicateurs, ne connaissent plus la culture de l'entreprise puisqu'ils se contentent de passer, sont trop occupés par des grands chantiers RH, souvent inadaptés, pour écouter vraiment le corps social, seraient trop sensibles aux exigences de la production et ne joueraient pas suffisamment leur rôle de régulateur, seraient, sur place, le symbole visible d'une stratégie invisible, du fait de l'éloignement d'un centre de décision devenu planétaire. Managers opérationnels d'extraction, possédant la fibre business, les nouveaux DRH passent aux RH pour consolider leur parcours de carrière. Ils désarçonnent aussi par un style plus incisif et une incapacité certaine à jouer les exégètes de la dernière jurisprudence.

Qu'il y a-t-il de vrai et de bon dans cette évolution, ou, au contraire, de dommageable ?

Il est bon que le DRH ait connu une expérience opérationnelle. Trop de DRH incarnent un profil administratif doublé de compétences plus ou moins pointues de techniciens de la machinerie RH. Les diplômes spécialisés privilégient trop l'académisme de l'enseignement à la française, montrent un goût exagéré pour les chantiers RH à la mode : Gpec, Sirh, aux dépens du pragmatisme du métier, de sa dimension stratégique.

Ces formations négligent trop la dimension du marketing RH, la force de l'imagination et de l'innovation, de l'expérimentation. Elles ne disent rien de l'importance d'adopter un style RH ouvert, moderne, percutant, décontracté, sachant ne pas manier la langue de bois, et au contraire, utiliser la force de l'humour. Les entreprises anglo-saxonnes donnent depuis longtemps leurs chances à des profils RH qui sont des opérationnels ouverts à la problématique humaine, bien, avant les profils classiques que privilégient les cabinets de recrutement français.

Une fois de plus la culture française classe les personnes en fonction de leur diplôme,

...plus qu'en fonction de ce qu'un parcours varié pourra apporter à la dimension RH. Le DRH opérationnel a plus tendance que son homologue administratif à aller sur le terrain, à trouver rapidement des solutions, à ne pas s'emmêler les pinceaux dans des faux problèmes, à ne pas donner plus d'importance qu'elles n'en ont à la dimension diplomatique et à l'environnement juridique et institutionnel, à parler vrai. Même s'il n'est pas juriste, ces qualités font la différence quand il s'agit d'agir. Le DRH d'origine opérationnelle aura moins tendance à consacrer son énergie aux usines à gaz RH (et elles sont nombreuses) qui font se pâmer les profils RH spécialisés. Contrairement à ce que dit l'article au début, ce ne sont pas les DRH d'origine opérationnelle qui privilégient les hauts potentiels et les batteries d'indicateurs, ce sont les DRH de type classique relookés version moderne ! Et ce sont souvent les mêmes qui nous disent que leur connaissance de la culture d'entreprise, liée à leur ancienneté dans le poste, est un avantage décisif.

Un petit risque néanmoins :

celui de ne pas assez jouer son rôle de régulateur face aux pressions fortes des managers visant l'absolu de la production, l'absolu du résultat. C'est pourquoi le manager opérationnel choisi pour être DRH doit posséder une dimension humaniste certaine. Il est vrai que ces « nouveaux DRH » ne sont jamais qu'un retour de profils RH qui avait disparu avec l'arrivée des « écoles de DRH ». Avant eux, les RH étaient d'ex militaires (un peu) mais surtout, soit la fonction était chapeautée par les DAF (directeurs administratifs), soit d'anciens managers opérationnels étaient placés à ce poste, en fin de carrière.

L'action du DRH

Essayez d'avoir une expérience opérationnelle. Ceci sera d'un apport incommensurable dans votre approche des problèmes RH et vous désintoxiquera des petits et grands travers qu'apporte inévitablement un métier pratiqué de longues années dans la même entreprise, dans un long et très exclusif tête à tête avec le patron et les représentants du personnel. Voir notre article » comment devenir DRH » ?

Valeurs, valeurs, valeurs.......

Le mot valeur est à la mode dans le vocabulaire RH et managérial. Les valeurs sociales représentent les manières d'être et d'agir qu'une personne ou qu'une collectivité reconnaissent comme idéal ; elles sont appelées à orienter l'action des individus dans une société, en fixant des buts, des idéaux, autrement dit, en donnant des moyens aux individus de juger de leurs actes. Pour les entreprises, il est devenu de bon ton de parler de « nos valeurs » De code éthique en code de déontologie, en passant par la charte des valeurs ou autre code de bonne conduite en entreprise, le DRH est devenu le gardien de ces nouvelles tables de la loi ! Mais le DRH/Moïse de ces nouvelles tables n'a pas beaucoup démocratisé leur avènement : un matin, un Président ou un DG se pique de fabriquer sa charte des valeurs. Autour du DRH et de quelques happy few, les idées fusent et s'ordonnent, après quelques retouches, en un document aussi idéaliste que pompeux. Que faut-il en penser ?

Derrière ce phénomène, deux réalités sont à distinguer.

Une réalité observable

Chaque individu, chaque groupe, chaque entreprise, agit, consciemment ou non, en fonction de valeurs formées à partir d'un ensemble composite : principes ou convictions personnelles, habitudes de travail, valeurs du métier, consignes de travail procédure. Les principes personnels ont été acquis, le plus souvent, dans son éducation, son histoire, lors de ses premières expériences marquantes, personnelles ou professionnelles. La nature du métier, la manière d'agir dans son métier ou sa fonction, portent leur charge de valeurs. L'artisan n'a pas l'éthique du commerçant. Un indépendant exerçant une profession libérale ne se comporte pas comme le cadre supérieur d'une grosse entreprise. Un patron de PME propriétaire de son entreprise, ne se comporte pas comme un directeur gérant. Une entreprise latine ne se comporte pas comme une entreprise anglo-saxonne. Un dirigeant d'une entreprise publique ne se comporte pas comme celui d'une entreprise privée ; les agents d'un service public ne se comportent pas comme des salariés du privé. Ceux qui « fabriquent » n'ont pas la même relation au produit que ceux qui les vendent ou les distribuent. D'autres éléments influent sur les valeurs : le style de management du détenteur du pouvoir suprême dans l'organisation, l'histoire de l'entreprise, la personnalité de ses anciens dirigeants, la nature de son marché, l'environnement règlementaire, la culture de l'entreprise, et bien sûr, le pays dans lequel on vit. Pour résumer, le pack de valeurs qui sert de référence à l'action des uns et des autres, est comme le résultat d'un emboitage de poupées russes.

Une réalité virtuelle

Les valeurs sociales vécues (manière d'être ou d'agir) sont hélas souvent bien loin des valeurs affichées. La plupart du temps, presque toujours, les hommes ne sont pas conscients des principes qui les gouvernent et, quand ils le sont, ils le nient le plus souvent. L'avare de Molière était le premier à nier son avarice. Ils nient parce qu'ils croient souvent agir pour de bonnes raisons. Pour éviter de jeter un regard lucide sur une réalité bien différente ? Les chartes d'entreprise sont toujours très exigeantes : par exemple, être au service du client ou de l'usager implique des comportements humains et d'entreprise qui, dans l'absolu, se fichent bien de l'heure de votre repas, de vos RTT, de vos 35 heures, de votre impatience, de votre confort de travail. Je n'ose parler des chartes qui vantent le professionnalisme, la qualité de l'accueil, la souplesse, la disponibilité, la transparence.

Tout enfant, élevé dans les valeurs chrétiennes, j'ai trop tôt mesuré le gouffre qui séparait les mots et les actes.

Plus tard, j'ai fait le même constat en lisant les brochures de présentation des entreprises, les éditoriaux de la presse d'entreprise, les discours des présidents et des directeurs, les chartes d'entreprise, les séminaires de formation. Publicité et annonces de recrutement remportent la palme. J'ai même le sentiment, sans pouvoir l'expliquer, que plus une entreprise ou une organisation parle de ses valeurs, plus elle en est loin, dans les faits.

Les valeurs, hélas, c'est un peu comme l'amour, plus on en parle......

Les entreprises de tradition latine seraient même, à mon avis, les plus hypocrites. Aussi brillantes dans le discours sur les valeurs que modestes dans leur respect ! Les patrons chrétiens ou inspirés d'une autre philosophie humaniste sont ils différents des autres ? Les organisations mutualistes sont-elles plus agréables à vivre pour leurs salariés, leur management se distingue-t-il vraiment des autres ? Crédit agricole et Caisse d'épargne n'ont pas hésité à se livrer à la spéculation. Je crois pourtant que certains individus, patrons ou salariés, essaient de se conformer aux principes supérieurs auxquels ils croient. Un DRH humaniste essayera de limiter les conséquences dommageables des décisions que sa fonction lui commande. Ceci ne joue que sur les marges et ne touche pas la gouvernance. A l'inverse, des individus ou organisations, construits sur les pierres de généreux principes, se révèlent piteux gestionnaires et managers inefficaces : le monde associatif est l'exemple fréquent d'un amateurisme confondant.

L'action du DRH

Soyez humble et remisez les déclarations enflammées. Faire ce qu'on dit et dire ce qu'on fait, est un principe modeste, appris au CJD (centre des jeunes dirigeants). Le seul qui devrait orner votre charte. Il n'est déjà pas si facile et à lui seul susciterait bien des débats, au Medef ou au gouvernement. Chez tous ceux qui croient plus à Machiavel qu'à la vertu

Quelle leçon tirer, pour la politique RH, de la crise de 2008 ?

Pendant qu'un certain nombre de gens fait preuve d'une fausse naïveté, en s'étonnant de découvrir que l'argent mène le monde et que le marché est aveugle, il est sans doute opportun de s'interroger sur l'impact de cette crise sur la politique RH Trois constats peuvent, selon nous, être tirés :

Premier constat : Il est vain d'espérer organiser l'avenir de manière programmée.

Les DRH seniors savent bien que leurs meilleures intentions, en matière de programmation pluriannuelle des chantiers, ont toujours été déjouées par les incertitudes de l'avenir économique de leur entreprise. Ceci a pour conséquence que la Gpec, en l'état actuel de sa définition, doit être reprogrammée en PRP : plan de remplacement programmé des effectifs en sortie. Il est illusoire d'attendre de la Gpec, qui suppose de s'appuyer sur une évaluation certaine de l'évolution des emplois futurs, autre chose qu'un éclairage. Une fois de plus, il y a eu copier/coller d'une vision d'un monde stable imaginé (et vécu) par des personnes de culture publique vers les entreprises privées.

Deuxième constat : Les système de rémunération doivent être repensés

Les grilles de salaire doivent-elles toujours privilégier ceux qui gagnent le plus d'argent à leur entreprise, quelle que soit la manière utilisée ? Oui ! Mais à condition que les risques soient aussi partagé. Ceci est vrai pour les directions générales comme pour les traders. Les traders bénéficieraient-ils du même système de rémunération s'ils étaient responsables sur leurs biens personnels des pertes qu'ils font aussi courir à l'entreprise ? Il faudra aussi s'interroger sur la décision toujours reportée d'ouvrir franchement le capital de l'entreprise au personnel, au lieu d'imaginer des substituts beaucoup moins responsabilisants : participation, intéressement, bonus divers.....

Troisième constat : La vraie crise est peut être financière. Elle est surtout morale.

L'éthique ayant déserté les entreprises, chacun, à son niveau et dans sa position , se sert généreusement. Et ce n'est pas le nouveau code de bonne conduite du Medef qui changera quoique ce soit. Dans 1 an ou 2, je vous fais le pari, qu'on en parlera plus. Que faire ? Hors l'entreprise, il va nous falloir reparler d'éducation et plus seulement d'instruction. Les écoles de commerce vont devoir apprendre à faire réfléchir leurs ouailles à cet adage de Montesquieu : «*Profit de l'un est dommage pour l'autre* ». Les écoles d'ingénieurs vont devoir faire réfléchir leurs scientifiques à cette phrase si pleine de sens : « Science sans conscience n'est que ruine de l'âme ». Dans l'entreprise, les cabinets de recrutement devront aussi se poser la question de la vertu des dirigeants, quand ils les présélectionnent. Les managers devront repenser à l'exemplarité de leur action. Ce n'est pas gagné, quand on voit les ripailles auxquelles ont procédé les dirigeants de certaines banques en faillite. Les DRH devront reparler de la condamnation, hélas presque toujours absente, des bonnes affaires acquises, quel qu'en soit le prix, et rappeler à l'éthique de responsabilité, avant celle du résultat. Immense tâche ! Les DRH devront, enfin, entreprendre un vrai travail de socialisation, dès l'embauche des nouvelles recrues.

L'action du DRH

Gardez les pieds sur terre. Ce n'est pas la fin du monde. La crise est surtout l'occasion de mettre un peu de conscience, là où elle s'était évanouie. Profitez en pour faire s'interroger votre comité de direction sur la dimension éthique de son action et les pratiques de l'entreprise. Réduisez vos ambitions sur la dimension prévisionnelle plus que fragile de vos actions. Transformez votre Gpec en Prp.(plan de remplacement programmé)

L'odeur du chef

Quand je vois ministres, procureurs de la République, sous préfets, préfets et même un général de gendarmerie se précipiter devant les caméras de la télé, pour le moindre fait divers, je me dis que c'est, à ce niveau de responsabilité, une très mauvaise gestion du temps et que « ça sent le chef » ! Quand je vois les proches collaborateurs d'un chef d'entreprise se transformer en ardents thuriféraires, je me dis que « *ça sent le chef* » ! Quand je vois les mêmes, en comité de direction, ne pas lever un sourcil, quand le chef prend des positions déraisonnables, ou qu'ils ne partagent pas, je me dis que « *ça sent le chef* » !

On reconnaît le chef possédant une forte capacité de leadership à son activisme, sa capacité à inspirer l'admiration, à entraîner, à vivre de mémorables colères, à ne pas comprendre qu'on lui résiste, à inspirer la peur, aussi. Dans la sphère politique, ce type de chef est suffisamment rare pour être noté. D'où mes observations du début, où les bureaucrates se mettent à mouiller la chemise, comme le chef ! Dans le secteur privé, il est d'espèce courante, surtout dans les PME. Dans la sphère des administrations et des entreprises publiques, il a disparu avec les diplodocus.

Car, s'il est une espèce chassée et menacée, dans la sphère publique, c'est bien le chef.

Au point que l'injure suprême, c'est de passer pour un chef, forcément petit, totalitaire, injuste, désagréable, harceleur.....Le management dit participatif, l'a remplacé. Dans ce type de management, en théorie, le chef écoute puis décide. Rien à dire, c'est l'idéal. Dans la pratique, tout le monde s'exprime et la personne affublée du titre de chef attend que tout le monde soit d'accord pour décider. C'est le consensus mou. Finalement, le premier type de chef agit et fait bouger les choses, mais il est souvent insupportable avec son entourage, qui le craint tellement qu'il se transformer en serpillère. Le deuxième type de chef, a peur d'agir et de troubler quiconque, mais il est tellement agréable. Chasseur de tête de chefs dynamiques et agréables à vivre est une profession d'avenir.

L'action du DRH

Vous n'aurez probablement pas votre mot à dire pour choisir le chef. Et si vous le faites c'est à vos risques et périls. Dans ce cas, juste deux conseils : avec un chef de fort tempérament, essayez de limiter la casse ! Si c'est un « consensuel mou » : réveillez le et poussez le à agir !

La crise, expliquée au comité d'entreprise

- « Mesdames, messieurs, bonjour ! Monsieur le secrétaire, j'aurais une déclaration liminaire à faire, me le permettez vous?
- Oui, monsieur le président.
- Merci ! Dans un film documentaire consacré à Françoise Sagan, l'actrice dit : *«L'argent, ça devrait rendre libre et ça rend fou »* ! Elle avait raison cette madame Sagan, notre monde est devenu fou. Finalement, François Mitterrand était un visionnaire quand il a fait ses nationalisations en 1981. Et fous nous étions de vilipender ainsi l'Etat et ses fonctionnaires. Les Russes paieront cher, un jour, d'être passés à l'économie de marché. Quant aux chinois, ils sont en train de filer la corde qui les pendra au poteau d'un pays devenu invivable et aux inégalités de classe tellement fortes qu'il explosera. J'ai lu dans « les Echos » que le Medef en appelait à l'Etat pour protéger les PME de la crise, quand fin Août encore, Laurence Parisot dénonçait l'échec de l'Etat providence ; j'ai lu dans le même journal, que Carlos Ghosn, PDG de Renault, avait promis au Président de la république de ne pas fermer Sandouville. Le premier ministre François Fillon vient d'annoncer que la capitalisation de la Poste, ne passerait pas, par sa privatisation....

Comme toutes les crises, cette crise est salutaire.

Depuis quelques jours, je me suis beaucoup interrogé sur la manière dont je gérais cette entreprise.J'ai décidé de réunir mes principaux concurrents et de leur proposer de réduire nos marges jusqu'à un niveau qui rendrait nos produits accessibles aux plus modestes. Sur le plan interne, j'ai décidé qu'une commission, composée de manière paritaire, avec les organisations syndicales, statuerait sur la justification de tous les salaires perçus par tous les salariés, y compris le PDG. Les écarts de salaire devront être cantonnés dans un rapport de 1 à 3. Les primes et indemnités diverses, ainsi que les frais de déplacement seront soumis à autorisation préalable, devant une commission spécialisée, représentant toutes les catégories de personnel. J'ai également décidé qu'à mon départ en retraite, mes actions seraient distribuées au personnel et le statut de l'entreprise transformé en Scoop : société coopérative ouvrière de production. L'entreprise une fois transformée en Scoop, les salariés devenus associés disposeront tous d'une voix aux assemblées générales pour se faire entendre. Ainsi, les syndicats seront dissous puisqu'ils n'auront plus de raison d'exister : les assemblées générales des associés, à l'exemple d'une assemblée populaire, incarneront l'intérêt général, qui se confondra avec l'intérêt de tous les salariés. Nous allons inventer l'Agora du 21ème siècle, une nouvelle démocratie, la working class democracy.

Il faut éradiquer le capitalisme à sa racine et laisser à nos enfants une société peut être plus pauvre, mais, en tout cas, certainement égalitaire et beaucoup plus propre.

Des volontaires seront envoyés, pendant leurs congés, en Russie et en Chine, pour les convaincre de la supériorité de notre système, comme les missionnaires Mormons. Parce que l'Est a trahi et que c'est l'Ouest qui incarne maintenant le socialisme. Pour que les choses bougent plus rapidement, je vous invite à voter pour messieurs Besancenot et Mélenchon. Avant tout le monde, lui et la LCR ont compris que notre monde capitaliste allait à la catastrophe. Il faut leur reconnaître cette grande lucidité. Et maintenant, monsieur le secrétaire, seriez vous d'accord pour que je mette aux voix une motion condamnant le capitalisme et ses méfaits ?

- Oui, monsieur le président. Mais, j'aurais juste une question à poser.
- Allez-y, monsieur le secrétaire.
- Est ce que dans votre nouvelle société, il y aura un comité d'entreprise ?
- Non, pas exactement dans la forme actuelle, mais ce sera sans doute quelque chose d'approchant.
- Merci, monsieur le président »

L'appel à l'unité, dans les moments difficiles

Quand c'est difficile, c'est bien connu, tous les gouvernants du monde en appellent à l'unité nationale. En France, depuis la levée en masse de l'époque révolutionnaire et le «miracle de Valmy», jusqu'aux taxis de la bataille de la Marne, les hauts représentants de la France ont convié les citoyens à ne pas mégoter leurs sacrifices. Il semble que les derniers fracas boursiers les poussent à faire de même aujourd'hui. Aux USA, comme en France.

Dans les entreprises, j'ai observé qu'il se passait des phénomènes identiques, quand les affaires ne vont pas bien.

Quand le business flageolle, le patron ou son directeur convoque le comité d'entreprise. Avec force graphiques et schémas, il leur démontre la catastrophe qui s'annonce. Audace suprême, il demande à son chef comptable ou à son contrôleur de gestion, le teint blême, d'ouvrir ses livres de compte. Il ne nous est fait cadeau d'aucune dette, d'aucun emprunt, d'aucun coût de revient : 30% supérieur à celui des concurrents, bien entendu ! D'aucun retournement de conjoncture. Les familles reçoivent une newsletter où le patron, la photo grave, explique, dans un éditorial pesé au trébuchet, que le sort de l'entreprise est dans les mains de ses salariés, que nous sommes « sur le même bateau », mais que «tous ensemble», nous nous en sortirons ! Les augmentations, voire le treizième mois, sont gelées. Les recrutements, aussi. Et l'entreprise s'en sort.

1 an plus tard, le rose est revenu aux joues du chef comptable. Il va mieux et ses comptes aussi. Le redressement a été spectaculaire.

La diète à laquelle ont été soumis les salariés n'a eu que des effets positifs. On entrevoit un prochain investissement dans la zone dollar. Le DRH se voit ordonner d'ouvrir la négociation annuelle sur les salaires. Il est seul. Le DAF n'est pas à ses côtés, les livres de compte, non plus.

L'action du DRH

Il n'y a pas une transparence pour les mauvais jours et le brouillard quand les résultats sourient ! Vous devez faire comprendre à votre patron que le bon réflexe qu'il a eu en ouvrant ses livres de compte doit perdurer. Sinon, la confiance s'envolera, une fois de plus. Et des salariés continueront à dire qu'il « s'en met plein les poches » ! Même quand ce n'est pas vrai !

L'incontournable socialisation des nouveaux recrutés

Vous vous étonnez parfois qu'un individu ne rende pas, au travail, tous les espoirs que vous aviez mis en lui, lors de l'embauche. Par exemple, il est toujours en retard aux réunions ; il ne rend jamais ses travaux à l'heure ; il ne tient jamais ce qu'il promet ; il manque de rigueur et de précision ; il ne sait pas travailler en groupe ; il ne respecte pas suffisamment le client ; il rend des rapports cousus de fautes d'orthographe, mal structurés ; il ne prépare pas ses réunions ; il est toujours débordé ; il ne sait pas s'organiser ; il se noie dans un verre d'eau, manque de sens pratique ; il n'est pas franc ; il ne collabore pas ; il ne partage pas l'information. La plupart du temps, sans même réfléchir, le mot «formation» va vous venir à la bouche. Erreur : ce n'est pas de formation que votre salarié a besoin. Tous les stages du monde ne changeront pas grand-chose à ces mauvaises habitudes. C'est de « socialisation » dont il a besoin.

Mais qu'est ce que la socialisation ?

La socialisation est un processus d'apprentissage qui permet à un individu d'acquérir les modèles culturels de la société dans laquelle il vit et agit. Le processus de socialisation désigne l'ensemble des mécanismes par lesquels l'individu intériorise les normes et valeurs de son groupe d'appartenance et construit son identité sociale. C'est de ce processus que dépend son intégration au sein du groupe. Les valeurs sont les manières qu'une société considère comme devant être respectées. Il s'agit d'idéaux partagés par les membres de cette société : sens de l'effort, réussite professionnelle, solidarité...Les normes en sont l'incarnation plus concrète. Dans une société, elles désignent tout ce qu'un individu peut ou ne peut pas faire ; il s'agit donc de la traduction des valeurs en lois : être ponctuel à son travail, cotiser à la sécurité sociale...Votre salarié ne manque pas de compétence, il ne partage simplement pas ou pas assez bien, vos valeurs de travail. Il y a différentes étapes dans le processus de socialisation : la socialisation primaire : ce sont les processus de socialisation d'un nouveau-né par l'intermédiaire de la famille, de l'école, des pairs, des médias. Cette socialisation est importante car elle va apprendre à l'enfant à vivre en société. La socialisation secondaire : elle se superpose à la première forme de socialisation. Elle va se faire par l'entreprise, les pairs, les amis...

Si vous voulez rendre votre salarié plus adapté, il va vous falloir l'engager dans un séminaire dit de socialisation

...où vous allez le mettre en face des valeurs intellectuelles, humaines et professionnelles que vous souhaitez lui voir épouser. Deux situations se présentent alors : soit, la première socialisation du salarié, la socialisation primaire, est gravement déficiente et alors il vous sera très difficile de lui faire intégrer certaines valeurs basiques que vous considérez comme indispensables au travail. La valeur de l'effort par exemple. Vous avez simplement fait une erreur d'embauche ! Soit, le salarié comprend l'importance qu'il y a à respecter les valeurs et normes professionnelles de l'entreprise, et que leur respect conditionne son intégration dans la communauté et sa survie dans l'entreprise. Ce travail de socialisation est relativement bien fait dans les sociétés US, qui ont d'ailleurs inventé les universités d'entreprise à cet effet. Le respect strict des normes professionnelles, en Allemagne, est une condition indispensable de l'emploi. Cette socialisation est très mal faite et la plupart du temps inexistante dans les entreprises françaises.

Son organisation suppose que dès l'entrée dans l'entreprise, le salarié suive un séminaire d'au moins une semaine où lui seront présentées de manière concrète :

- Les valeurs et les normes professionnelles de l'entreprise : par exemple, l'exactitude, la coopération, le professionnalisme, le sens du service client, etc...

- Des exemples illustratifs de la concrétisation de ces valeurs et normes : chez nous, un salarié, pour être considéré comme professionnel, doit se conduire de cette manière en telle circonstance.

- L'impact de ces valeurs sur les clients : nous avons gagné ce marché ou ce client parce que nous avons été plus réactifs que la concurrence, en telle circonstance, ou, parce que nos produits sont plus fiables, ou parce que notre accueil clientèle est remarquable, ou parce que notre sens du service est sans équivalent etc...

- L'impact de ces valeurs sur le développement de l'entreprise et leur succès : ce sont » ces » valeurs qui ont permis à l'entreprise de se développer et de prospérer. C'est notre » image de marque », notre réputation, etc....

Une interrogation sur ses comportements, face à chacune de ces valeurs, sera également opérée, de sorte que le salarié comprenne bien les écarts et s'engage à les réduire à l'aide de son tuteur, obligatoirement choisi parmi les meilleurs professionnels de l'entreprise. Le rôle du tuteur est d'abord d'être un vecteur des valeurs et des bonnes pratiques de l'entreprise.

Mais attention, l'entreprise ne peut exiger le plus haut degré de respect des valeurs et normes de l'entreprise, si elle n'est pas elle-même exemplaire en la matière.

Faut il rappeler que le management est global et que tout se tient ?

L'action du DRH

Votre travail de recruteur ne se réduit pas à embaucher des diplômés ou des salariés compétents. Il est surtout de veiller à recruter des personnes aptes à partager vos valeurs éthiques et professionnelles et à s'engager à les mettre en pratique. Ces valeurs leur sont, la plupart du temps, inconnues, quand elles décident de contracter. C'est à vous, au cours du parcours d'intégration, de les leur faire connaître et de suivre leur niveau d'adhésion à ces normes et valeurs, afin de statuer, en connaissance de cause, à la fin de la période d'essai.

L'ingéniérie du bonheur de l'homme au travail

Avez-vous jamais remarqué comment les femmes attendant un enfant, irradient ? Vous n'avez sans doute pas été sans remarquer, non plus, comment les femmes amoureuses sont plus belles qu'à l'ordinaire. Vous vous demandez sans doute où je veux en venir. Je veux en venir à la relation entre le bonheur, ou du moins le contentement, et ses effets sur les individus. Je veux en venir à ce qui devrait constituer la préoccupation supérieure et permanente des DRH. Non, ce n'est pas le Sirh qui doit nous occuper prioritairement. Ni la manière de retenir les talents, ni le développement durable appliqué aux RH, ni la Gpec, ni la multi-culturalité, ni les petits désirs du patron....Pas plus que la préparation de la prochaine NAO, ou du prochain bilan social.

Ce qui devrait constituer notre ardente obligation, c'est que nos salariés sourient quand ils passent la grille de l'usine ou la porte du bureau, le matin.

Parce que je suis intimement convaincu que sans bonheur, il n'y a pas d'implication de qualité. Il n'y a qu'obéissance et assujettissement accepté. Parce que comme Blaise Pascal, je pense que « *Tous les hommes cherchent à être heureux (...) C'est le motif de toutes les actions* ». J'ai souvent été frappé de voir comment des ouvriers qui semblaient comme des goélands cloués au sol à leur poste de travail, déployaient les ailes d'une inventivité sans limite, lorsqu'il s'agissait d'aménager leur maison, organiser une manifestation, ou présider un club sportif.

Et le pire, c'est qu'ils ne sont même pas payés, pour donner le meilleur d'eux-mêmes !

Pensons nous au bonheur de nos salariés quand nous aménageons leur poste de travail, rédigeons le règlement intérieur, ou celui des horaires. ?

Pensons nous au bonheur des salariés, quand il fait trop chaud ou trop froid ?

Pensons nous au bonheur de nos salariés, quand nous les soumettons au pouvoir d'un petit chef ?

Pensons nous au bonheur de nos salariés, quand nous discutons la moindre augmentation de leur salaire jusqu'au dernier centime ?

Pensons nous au bonheur des salariés s'ils se doutent qu'on les abandonnera à leur sort, à la première tempête ?

Pensons nous au malheur des salariés qui subissent de forts aléas personnels ou familiaux ?

Pensons nous à leur dignité vraiment, quand on les traite comme des enfants obligés de demander la permission pour tout et n'importe quoi ?

Pensons nous à leur avenir et à leur employabilité, quand nous leur faisons suivre des formations de 3 jours sans intérêt réel ?

Pensons nous à leur dire merci et bravo ?

Pensons nous à leur bonheur quand ils ont à se battre sans arrêt contre l'inertie de l'organisation, pour travailler ?

Pensons nous à leur donner le sentiment de justice quand nous établissons les grilles de salaires ?

J'ai retenu de mon éducation que : « *pour recevoir, il fallait donner* ». Que donnons nous vraiment en plus de ce que lois, règlements et conventions collectives nous obligent à donner ? Car, comme avec les clients, c'est ce plus là, non obligatoire, qui fait la différence. Le bonheur au travail, c'est en ensemble de petits plus que le DRH doit s'ingénier à tisser, avec les fils qui constituent *l'ingéniérie du bonheur de l'homme au travail*. Mais, est-ce que tout cela n'est pas naïf et utopiste ? Non, mais à condition de sortir de ce que l'on considère être les sentiers normaux du management de l'entreprise.

L'action du DRH

Voir notre article « recettes pour rendre heureux un salarié qui mérite de l'être »

Performance et entreprise publique sont-elles compatibles ?

Dans le journal les Echos du jeudi 25 septembre 2008, François Bayrou, dans une interview, répondait ainsi à une question sur la privatisation de La Poste : « *A priori, je ne comprends pas pourquoi on considère comme un dogme qu'une entreprise publique, dans un secteur de services publics, serait par principe, moins performante qu'une entreprise privée* ». Cette réponse nous permet d'aborder la question de la performance comparée des entreprises publique et privée. Je ne suis pas économiste et ne vais donc pas vous assommer de ratios savants. Par contre, mon expérience de DRH ayant travaillé à la fois dans les secteurs public et privé m'a beaucoup interrogé sur les raisons d'un tel écart de performance entre les entreprises publiques et privées. Je vous livre donc mon analyse, modeste. Dans le domaine de la gestion, la performance est le résultat ultime de l'ensemble des efforts d'une entreprise ou d'une organisation. Ces efforts consistent à faire les bonnes choses, de la bonne façon, rapidement, au bon moment, au moindre coût, pour produire les bons résultats, répondant aux besoins et aux attentes des clients, leur donner satisfaction et atteindre les objectifs fixés par l'organisation.

Selon nous, la performance est le résultat de facteurs favorisants, défavorisants et enfin, de facteurs que nous appellerons réversibles, parce qu'ils peuvent être favorisants ou défavorisants.

Dans l'entreprise privée, le premier facteur favorisant la performance est le pouvoir des actionnaires parce que ce pouvoir pousse le management à agir de sorte que le capital placé leur procure les meilleurs dividendes donc à agir de la manière la plus adaptée à cette fin. C'est un pouvoir fort, puisqu'il peut décider de vendre et d'aller investir ailleurs. Le deuxième facteur est un facteur réversible : c'est la qualité du management de l'entreprise et, partant, l'état de l'organisation qu'il sait, ou non, mettre en place. Selon les entreprises, cette qualité est variable. Mais faut-il rappeler que le PDG est élu par les actionnaires et le DG, choisi par le PDG ? Le troisième facteur favorisant est représenté par la concurrence. C'est la concurrence qui pousse l'entreprise à devenir performante, sauf à voir ses produits délaissés par les clients et donc à disparaître du marché. Le quatrième facteur, réversible, est incarné par la qualité du personnel. Le personnel, par sa formation, son degré de professionnalisme et son niveau d'implication traîne les pieds, se contente de faire son travail ou joue un rôle dynamisant. Globalement, dans l'entreprise privée, compte tenu des possibilités de sanction et d'incitation qui existent, et d'un management qui sait de mieux en mieux utiliser le facteur humain, nous l'avons classé comme facteur favorisant. D'ailleurs de nombreuses enquêtes prouvent que le personnel, majoritairement, joue le jeu de son entreprise. Le cinquième facteur est représenté par la qualité du dialogue social. C'est aussi un facteur réversible. Par son opposition conflictuelle, il peut causer un grave préjudice à l'entrepreneur. L'absence d'un syndicalisme véritablement réformiste, associé aux décisions et considéré comme un vrai partenaire social comme en Allemagne, nous le fait plutôt classer dans les facteurs défavorisants, en France. Même si le nombre de grèves a beaucoup baissé, le dialogue social reste encore difficile. Le sixième facteur est représenté par l'environnement : environnement règlementaire, pression des associations d'usagers ou de consommateurs, pressions politiques, pressions environnementales, pression fiscale…Pour l'entreprise privée, ces pressions se sont beaucoup accrues. Néanmoins elles demeurent, selon nous, à un niveau que nous qualifierons de neutre. Ni favorisant, ni défavorisant. Nous considérerons que la bureaucratie française et la lourdeur de la législation sont contrebalancées par la qualité des infrastructures et de la main d'oeuvre.

Finalement, quatre facteurs sur six « poussent » l'entreprise dans le même sens : fabriquer ou vendre des produits ou des services disposant du meilleur ratio CQ (coûts, qualité, délais), par rapport aux concurrents.

Dans l'entreprise publique, nous retrouvons bien nos six facteurs, mais l'orientation qui pousse ces forces à agir n'est pas la même. Les six facteurs ne poussent pas l'entreprise à réaliser le meilleur CQD, et nous allons vous expliquer pourquoi : pour l'Etat, actionnaire, il s'agit d'abord de satisfaire une double clientèle : celle des usagers et celle des organisations syndicales. Ces deux clientèles sont à ménager car les usagers sont aussi des électeurs, et les organisations syndicales ont un pouvoir de nuisance très important, envers le pouvoir en place, en France. Le critère de bonne gestion, même s'il n'est pas absent, n'est donc pas premier, mais second par rapport à la force de ce clientélisme. Satisfaire ses clients est aussi le devoir d'une entreprise privée. Mais la clientèle des entreprises publiques qui ne paye pratiquement jamais le bien ou le service à son juste prix, élit son « fournisseur », tandis que le client privé paye le juste prix mais n'élit pas le PDG de l'entreprise, dont il a acheté le bien ou le service. Clientélisme et clientèle ne sont donc pas des notions comparables.

Le management, représenté par les directeurs nommés par l'Etat actionnaire, sont bien sûrs tenus de ménager les intérêts électoralistes de l'Etat patron (ou de la collectivité propriétaire). C'est ainsi que la satisfaction des usagers / électeurs primera toujours l'objectif de bonne gestion. Surtout à l'approche d'une échéance électorale quelconque. La plupart, issus de la haute fonction publique, n'en a d'ailleurs pas envie. Elle partage la même culture du fonctionnement public que les personnels, les mêmes valeurs, et ignore, en général, les modes de fonctionnement des sociétés performantes. Si d'aventure, un directeur issu du privé, souhaite introduire un management différent, il risque de rencontrer des obstacles insurmontables, car son action va se heurter à une chaîne d'acteurs, qui du président du conseil d'administration à l'agent d'exécution, en passant par les organisations syndicales, partage une même culture de l'action et de la relation. Le chaînon le plus faible, ce sera lui, sans conteste.

Le troisième facteur, incarné par la concurrence, est inexistant quand l'entreprise publique jouit d'un monopole de service public. L'entreprise publique est ainsi privée d'un aiguillon important. Elle n'est pas « obligée » d'être meilleure. Elle est dans la même situation qu'un sportif qui courrait tout seul sur la piste du stade, sans nécessité de courir plus vite pour arriver premier. Quand il y a concurrence avec des entreprises privées, c'est le cas des cliniques et des hôpitaux, de certains moyens de transport, si le « marché » est suffisamment vaste pour alimenter l'activité des deux secteurs public et privé, les deux secteurs continuent de vivre leur vie, chacun à sa manière. Si l'entreprise publique joue sa survie économique, cas d'Air France avant sa privatisation, il peut arriver qu'elle arrive à se hisser au niveau de ses concurrents, à condition de disposer de managers courageux et de qualité, que l'Etat actionnaire lui donne les moyens d'investir, des moyens nouveaux de gérer et d'intéresser le personnel, lui apporte un soutien sans faille, change le statut juridique, bref des conditions de fonctionnement proches de ceux d'une entreprise privée.

Le quatrième facteur, la qualité du personnel, est classé facteur défavorisant. La loi d'airain des statuts de la fonction publique associée à des modes de gestion des ressources humaines inadéquats emporte des conséquences graves sur les comportements des individus, même si on rencontre de vrais apôtres du service public. Ce qui est en cause n'est pas la matière grise, ce serait plutôt l'absence d'incitation à ajuster les dysfonctionnements de l'organisation. Dans le privé, en permanence, les salariés ajustent spontanément les dysfonctionnements et les carences de l'organisation. Pas dans l'entreprise publique. Les consultants qui interviennent dans le cadre de la RGPP (révision générale des politiques publiques) disent presque tous leur frustration de ne pouvoir provoquer plus rapidement les mutations préconisées, du fait de modes de gestion RH manquant de toute souplesse.

Le cinquième facteur représenté par la qualité du dialogue social a également été classé comme facteur défavorisant. Les organisations syndicales jouissent dans l'entreprise publique d'une position qui l'érige en véritable contre pouvoir face aux directeurs et au management. Leur position statutaire est un roc sur lequel se brisent les vagues de leurs meilleures intentions de gestion. Madame Idrac, ex présidente de la SNCF, a eu le loisir de mesurer leur pouvoir. C'est ainsi que les directeurs d'une entreprise publique ne sont jamais en situation de résister vraiment aux coups de boutoir des organisations syndicales, compte tenu des relations étroites que celles-ci entretiennent avec l'Etat patron, en de multiples circonstances.

Le sixième facteur, représenté par la pression de l'environnement pousse également l'entreprise publique à ne pas rechercher d'abord la performance. Les élus sont souvent aux commandes, membres du conseil d'administration ou président de l'entité publique. Leurs réflexes naturels les poussent à ménager tout le monde, à attendre, à ne brusquer personne, bref, à ne pas faire acte de direction. Ces élus sont très sensibles à toutes les pressions et oppositions qui agitent le corps électoral, aux réactions de la presse, aux manifestations diverses et variées..... Finalement, l'environnement les pousse à ne jamais faire acte d'autorité, à ne jamais prendre de décisions difficiles, à la démagogie.

Conclusion, dans l'entreprise publique, six facteurs sur six s'exercent prioritairement dans le sens des intérêts des usagers, ou des personnel, donc de la dépense publique, sans souci de performance.

Si l'Etat modifie un ou plusieurs de ces facteurs selon une orientation identique à celle des entreprises privées, il rapproche d'autant l'entreprise publique du fonctionnement de l'entreprise privée :

Par exemple, s'il nomme des managers issus du privé, abandonne le statut de la fonction publique pour des contrats de droit privé, ouvre à la concurrence l'activité monopolisée, ouvre l'actionnariat et devient actionnaire minoritaire, l'entreprise publique va, peu à peu, se rapprocher des critères de performance d'une entreprise privée. Cette mécanique a fonctionné avec France télécoms, la Snias et beaucoup d'autres. Cette mécanique fonctionnera avec La Poste et la SNCF. Si l'Etat ne modifie qu'une clé, par exemple le statut juridique de l'entreprise publique, mais préserve le statut public du personnel et les mêmes dirigeants, s'il ouvre peu l'activité à la concurrence, l'ex entreprise publique évoluera beaucoup plus lentement. Or, le vrai changement implique toujours une rupture nette avec le passé. Une évolution lente ne porte pas la marque du changement : elle se cale sur la vitesse de ses acteurs, qui résistent, naturellement, et roulent donc doucement....Les tenants du service public trouvent d'ailleurs tout à fait normal que l'entreprise publique cherche d'abord et avant tout à assurer un bon service et non à compter ses sous, ni même chercher à être rentable et encore moins performante. Il s'agit de dépenser l'argent de l'Etat pour des activités qui n'ont pas à être rentables. Et monsieur Bayrou a raison d'affirmer qu'un service public sait mieux qu'un opérateur privé répondre aux obligations de service public, mais il a tort de parler de performance, au sens où on l'utilise généralement dans le vocabulaire économique. Il a tort parce que, dans l'entreprise publique, les moteurs de la performance, on l'a vu, sont absents ou défaillants. Par contre, il importe de savoir clairement les activités qui relèvent de la dépense publique et celles qui relèvent de l'activité marchande. Par contre, politiques et fonctionnaires devraient se poser la question de savoir si un statut de droit privé n'aiderait pas les directeurs des entreprises publiques à assurer un meilleur service aux usagers. Par contre, on peut aussi imaginer qu'un cahier des charges impose à l'opérateur privé des obligations de service public. Cette solution nous semble la plus apte à ménager à la fois une organisation performante et les services dus par l'Etat ou la collectivité aux usagers.

L'action du DRH

Si, d'aventure, vous vous retrouviez, en sortant du privé, DRH dans un établissement public, je vous livre ci joint quelques conseils :v otre marge de manoeuvre sera très courte : le poids du statut, la force des organisations syndicales, un conseil d'administration de culture politique, vous contraindront à laisser de côté toute initiative qui vous placerait en délicatesse avec les organisations syndicales ou l'environnement socio politique. Cette prudence sera d'autant de mise que votre patron, dans un conflit avec les IRP, vous laissera choir sans coup férir en rase campagne, dans 100% des cas. Marketing, profit, profitabilité, client, manager, management, performance, centre de profit, sont des mots interdits. Faites de grosses dépenses en formation, ça plaît beaucoup.

Ne soyez jamais directif avec votre équipe ou un agent ; ne demandez aucun travail supplémentaire sans faire précéder cette demande de mille attentions, sauf à passer pour un tyran, ou, pour un odieux harceleur moral. Pratiquez l'écoute, la réunion, le management participatif à haute dose et en tout lieu, en toutes occasions. Pour toute chose, préparez d'épais rapports, associés à de dynamiques power points, que vous présenterez d'abord au comité de direction, puis au comité d'entreprise.

Dans une telle situation, voici quelques conseils qui vous aideront à vous positionner

Mettez en avant l'intérêt général, à chaque fois que possible. Si vous avez un peu de courage, essayez de rester ferme sur les principes avec les IRP, même si le conflit s'annonce dur. S'appuyer sur un principe est fort est le seul moyen de tenir. Mettez en avant votre souci d'équité, votre capacité de compassion et la chaleur de votre contact, de manière à attirer la sympathie pour l'homme, à défaut de faire apprécier la fonction. Mais ceci ne doit jamais s'apparenter à une manoeuvre, si ce n'est pas votre personnalité qui vous le commande. Agissez avec modestie, sincérité et humanité. Soyez respectueux des mandats des IRP (institutions représentatives du personnel), et des personnes. Etonnez vos interlocuteurs en faisant preuve d'une souplesse à laquelle ils ne sont pas habitués. Battez vous avec ténacité sur quelques chantiers de changement bien choisis, après avoir communiqué intensément autour d'un argumentaire charpenté et invariant. Veillez à ne pas laisser s'instaurer un double circuit entre les IRP et votre patron. Car la tentation est grande pour votre patron de jouer le double jeu, compte tenu de l'importance que revêt pour sa carrière, l'avis qu'elles donneront de lui aux instances étatiques supérieures, qu'un noeud de réunions statutaires leur permet de rencontrer.

BAC + 5, et alors ?

Une récente étude révèle que les jeunes diplômés français arrivent sur le marché du travail avec un Bac + 5, quand leurs collègues européens y arrivent avec un Bac + 3. A quoi peuvent donc nous servir ces deux années supplémentaires ? A être plus compétitifs ?A être plus heureux ? Finalement, ces deux années ne servent à rien.

Elles sont le résultat d'une course au diplôme engagée en France depuis quelques années maintenant.

Dans notre pays, tout le monde est persuadé que le nombre d'années effectué par la jeunesse après le Bac, conditionne son emploi et son bonheur, la prospérité du pays, l'élévation de son niveau de civilisation. Certes, les chiffres prouvent qu'un diplômé trouve ou retrouve plus facilement du travail qu'un non diplômé. Cela revient-il à dire que tout le monde doive poursuivre des études jusqu'au niveau le plus élevé possible ? Oui, c'est ce que l'on croit. Le problème, c'est que le pays n'a pas besoin de millions de BAC +5. Il a aussi besoin de boulangers, de mécaniciens, d'ajusteurs, d'infirmières, d'ouvriers qualifiés, de techniciens, de secrétaires. Et le taux d'emploi des diplômés tient au fait que les employeurs ont vite compris que pour le prix d'un bac +2, ils pouvaient se payer un Bac +5. Surtout, il y eu effet de substitution : les Bac +5 ont remplacé les Bac +2, les BAC + 2 ont remplacé les Bac pro, qui, eux mêmes, ont remplacé les CAP. Mais, sauf exception, ceci ne signifie pas que les emplois tenus précédemment par des Bac ou des BAC +2 aient évolué en terme de qualification et requièrent objectivement de posséder un Bac+5.

Cette « diplômite » à la française a eu, a encore, les conséquences suivantes :

- Des milliers de jeunes continuent à s'engouffrer, dans la voie sans issue, pour la plupart, des études longues universitaires conçues pour former une élite enseignante ou autre.

- Des milliers de jeunes, qui auraient fait d'excellents techniciens, n'ont en tête que l'idée d'ajouter 2 ou 3 années d'études supplémentaires, pour essayer d'accrocher un titre d'ingénieur, privant ainsi l'industrie d'une main d'œuvre technicienne de qualité. Rappelons nous que les IUT ont été créés pour cela. De ce point de vue, c'est une faillite.

- Des centaines d'écoles et d'organismes de formation initiale et continue décernent des diplômes homologués, dont la substance reste très académique et fort peu professionnelle. On ment ainsi à tous ces chômeurs qui restent chômeurs après qu'on leur ait conseillé de suivre un DESS ou un Master. Le problème des chômeurs est trop souvent réduit à un problème de formation, alors qu'il faudrait agir sur bien d'autres facteurs. Cette inflation a, bien sûr, pour résultat, de déprécier tous ces diplômes et de donner encore plus de valeur aux écoles de l'élite . C'est donc l'école, et non plus le diplôme, qui est devenu le facteur différenciant du niveau intellectuel et culturel que le diplôme est censé incarner.

Comment renverser cette tendance ?

A notre avis, il faudrait s'atteler à cette lourde tâche de la manière suivante :

- D'abord changer les modèles culturels de la société française. C'est-à-dire chasser de la tête des français, et surtout de leurs parents, l'idée qu'une vie réussie commence forcément par l'acquisition d'un BAC+5. Ceci suppose la mise sur pied d'une infrastructure d'orientation digne de ce nom. Des milliers de cadres seniors seraient prêts à composer cette troupe d'experts.

- Mener une intense campagne pour réhabiliter les métiers manuels, l'artisanat, les métiers d'art, les faire connaître et apprécier, par des visites d'école et des stages.

- Changer peu à peu les modèles de réussite, en donnant à montrer à la télévision d'autres professions que des professions libérales, des docteurs et des infirmières !

- Surtout, revoir toutes les conventions collectives, qui font un lien absurde et obligatoire, entre le diplôme et la classification. Comment ne pas s'étonner ensuite que les jeunes ne cherchent pas à accumuler les années après le BAC, pour entrer au niveau le plus élevé possible ? La plupart des postes a fait l'objet d'une inflation stupéfiante, en terme de niveau de diplôme requis. La polémique qui s'est engagée récemment, après les propos du ministre Darcos, contestant la nécessité de posséder un Bac +5 pour travailler dans une crèche ou une maternelle, ferait bien rire nos grand mères. De ce point de vue, les entreprises ont subi le modèle de la fonction publique, qui fait dépendre la classification du poste du diplôme possédé, ou du concours, et non du niveau de performance de l'intéressé. Je ne comprends même pas comment les négociateurs patronaux des conventions collectives ont pu ainsi se laisser rouler dans la farine par les partenaires sociaux, qui visaient ainsi à enlever au pouvoir d'appréciation de l'employeur, le maximum d'efficacité. Indirectement, ceci a eu pour conséquence de tarir les voies traditionnelles de la mobilité interne et de faire dépendre l'ascension sociale d'un diplôme plus que de l'excellence professionnelle révélée au travail. On sait maintenant que la VAE (validation des acquis de l'expérience), destinée à valider cette expérience, trop académique et trop compliquée à obtenir, a failli à sa vocation.

- Revoir les grilles de salaires, en réorganisant de manière importante les salaires des ouvriers qualifiés et des techniciens. Les écarts de salaires entre les statuts d'ouvrier, technicien et cadre doivent être réduits. Des plages de recouvrement devront être prévues de manière systématique entre les statuts d'ouvrier et de technicien, de technicien et de cadre, de sorte qu'un ouvrier expérimenté gagne plus qu'un jeune technicien, et qu'un technicien expérimenté gagne plus qu'un jeune cadre.

- Prôner, très tôt, les valeurs du travail manuel, du professionnalisme, du risque, l'utilité sociale du chef d'entreprise, la grandeur du self made man...De ce point de vue, hommage doit être rendu à l'UIMM et de l'union professionnelle des artisans (UPA) qui depuis de nombreuses années, ont engagé un travail de réhabilitation des métiers manuels et de l'artisanat.

- Réhabiliter les centres de formation professionnelle pour en faire des lieux modernes, beaux et agréables, comme on en trouve en Allemagne. Des ensembles où l'on est fiers de travailler.

L'action du DRH

- Placez au poste de recruteur un homme d'expérience, qui n'est pas obnubilé par les diplômes et qui saura donner son vrai poids à l'expérience et aux qualités personnelles.

- Essayez, autant qu'il vous est possible, de déconnecter salaire et diplôme

- Ne sur-qualifiez pas les définitions de poste en terme de savoir à posséder : on apprend essentiellement par imitation. Rappelez vous que le premier niveau de l'intelligence, le bon sens, suffit à se sortir d'une majorité des situations rencontrées au quotidien par le personnel d'exécution.

- Raisonnez d'abord en terme d'actions ou de tâches à effectuer, qui sont une référence concrète, plus qu'en terme de compétences, qui sont des notions abstraites, plus difficiles à appréhender, et qui ne doivent intervenir qu'en second rang.

- Tentez de conserver une certaine sensibilité sociale : pensez à tous ceux qui n'ont pas eu la chance de poursuivre des études et qui doivent néanmoins vivre, donc travailler.

Comment peut- on être chrétien et DRH ?

Il y a quelques jours, j'ai rencontré au congrès national de l'habitat social à Cannes, une délégation de syndicalistes appartenant à la CFTC (confédération française des travailleurs chrétiens). Je leur ai promis une réflexion sur la possibilité d'être chrétien et DRH. J'avoue que je ne suis pas un grand exégète de la doctrine sociale de l'église ; je m'y essaye néanmoins. En fait, le problème n'est pas d'être chrétien et DRH. Ceci n'est pas très impliquant.

Le problème consiste à savoir répondre à la question : comment se comporter en chrétien, quand on est DRH ?

Le premier commandement, qui s'impose à tout chrétien, est de tout sacrifier à « l'amour des autres » : « *si je n'ai pas l'amour, je ne suis rien* ». Et l'amour des autres, au sens chrétien, pardonne tout. Est-ce à dire que le DRH doit s'interdire de sélectionner les mauvais candidats ou de licencier les salariés fautifs ? Certes, mais la parabole des talents est sévère pour ceux qui n'ont rien fait des talents qu'ils ont reçus en partage. Par ailleurs, comme l'a rappelé le pape Benoît XVI à propos de la laïcité, il faut rendre à César ce qui appartient à César. Est-ce à dire que le DRH doit appliquer, sans sourciller, les décisions économiques qui aboutissent, par exemple, à des plans de licenciement lourds même si ces décisions ne sont prises que pour garantir un bon objectif de rentabilité aux actionnaires ? Entre ces préceptes, il faut que le DRH trouve son chemin. Avant tout, il me semble indispensable de posséder *une disposition mentale de base qui consiste à vouloir le bien, et même le bonheur*, des gens, au travail. Cette disposition devrait résider dans la tête de tous les DRH, chrétiens ou non.

Pour les DRH habités d'un idéal philosophique humaniste, mon avis est que leurs règles de conduite devraient consister à agir en accord avec ce que les chrétiens appellent la conscience.

Agir en conscience, c'est, avant de prendre une décision, d'abord agir avec jugement, comme n'importe quel DRH. Mais, c'est en plus, si l'on souhaite agir en DRH chrétien, se poser en même temps, la question de l'humanité et de l'équité des décisions que l'on prend. Par exemple, si j'ai à licencier un salarié fautif, et si j'ai à faire acte de pardon, ma décision ne devra pas être la même si le salarié est un célibataire diplômé de 25 ans ou un père de famille peu qualifié, âgé de 50 ans, dont le salaire est la seule ressource pour sa famille de 3 enfants. Mon avis est qu'un DRH qui se prétend chrétien ne peut pas ne pas faire preuve de compassion, au moins en donnant une deuxième chance. Par ailleurs, il lui incombe également de favoriser un accompagnement externe, si une solution interne ne peut être trouvée. Car il ne peut se désintéresser tout à fait, en sa qualité d'homme, du sort de l'individu ayant quitté l'entreprise. Si un DRH « chrétien » doit organiser un plan de licenciement économique, il ne peut pas se comporter de la même manière, si ce plan est pris pour sauver l'entreprise du naufrage, ou seulement pour maintenir le taux de profit des actionnaires. Dans le deuxième cas, il doit essayer de faire valoir le caractère « abusif » du licenciement et , faute d'avoir convaincu l'organe de direction, ménager un plan social généreux, à la hauteur de la bonne santé économique de l'entreprise.

Un Plan généreux ne suffit souvent pas. C'est une solution de long terme qu'il faut viser. La « christianité », en ces circonstances, doit conduire à imaginer des solutions astucieuses et audacieuses : par exemple, mettre en place une ingéniérie lourde, de sorte que soient crées dans le bassin d'emploi, autant d'emplois nouveaux que d'emplois supprimés. Les cellules emploi ne sont parfois qu'emplâtres sur jambes de bois, qui coûtent fort cher et font mal en donnant trop de faux espoirs. Faire preuve de discernement est un impératif fort pour le DRH, en ces circonstances. Le problème de l'exposition à l'amiante constitue un excellent exercice pour un DRH chrétien. Au delà de la position de sa direction, qui cherche la plupart du temps à préserver ses intérêts économiques, au delà de l'état de la règlementation existante, au delà du rapport des forces sociales, de la pression médiatique ou associative, le DRH doit se donner une ligne de conduite qui lui permettra de donner le conseil approprié à sa direction. Et ce conseil ne saurait se contenter d'être la reprise de l'état de la règlementation ou de la jurisprudence, non plus que le niveau de dangerosité allégué par les organisations syndicales ou les associations de défense. C'est à un vrai travail d'investigation que doit pousser le DRH pour faire vérifier, par tous moyens d'expertise, le niveau de dangerosité existant. C'est à un vrai travail d'appréciation du préjudice réel subi par les salariés, déjà contaminés, ou qui seraient contaminés, après avoir quitté l'entreprise, que doit se livrer aussi le DRH, en s'entourant des avis appropriés.

Cette conscience du juste, de l'humain et du raisonnable, peut aussi s'exercer à l'endroit de revendications abusives ou injustifiées émanant de salariés ou d'organisations syndicales.

Car il ne suffit pas de revendiquer pour avoir raison. L'intérêt général, que des corporatismes divers et variés oublient parfois, doit être rappelé avec force, en certaines circonstances. L'abus n'est pas réservé aux patrons. C'est ainsi que lorsqu'une organisation syndicale revendique, à tort, un avantage non fondé ou qui va avoir pour conséquence de pénaliser directement ou indirectement, la collectivité ou les usagers, ou même un autre groupe de salariés, il incombe au DRH de prendre position et défendre ce que j'appelle l'intérêt général. Enfin, savoir juger d'une situation, par exemple en présence d'un accident du travail ou d'une faute, de la manière la plus objective possible et sans essayer toujours de défendre la position de l'entreprise, devrait aller de soi pour un DRH chrétien.

L'action du DRH

Les occasions sont innombrables, pour un DRH, de faire preuve de plus ou moins d'humanité, de suivre ou non ce qu'il considère être l'équité, de vérifier les faits et leur objectivité, avant de juger. Il suffit simplement de cumuler l'apport de la raison et cette petite voix intérieure qui vous souffle, quand on sait l'écouter, où est le bien et le juste, la direction vers laquelle il faudrait aller. Souvent, cette volonté d'aboutir vous obligera à rechercher avec intensité des solutions astucieuses ou innovantes. Imagination, créativité, ténacité, force de conviction, sont les meilleures alliées du DRH qui veut absolument trouver une solution. Les arguments qui vous viendront alors, pour défendre votre position, seront souvent beaucoup plus forts, car vous aurez agi au nom de principes supérieurs, et non, seulement, pour faire plaisir à tel ou tel, ou par obéissance aveugle.

Que penser du projet de label diversité ethnique ?

Je viens de lire le projet de label diversité ethnique. Il ne manque pas un bouton de guêtre : il ressemble à tous « les machins » que seul un esprit français, à la poursuite éternelle de l'idéal, est capable de concevoir. Je dois féliciter les collègues RH qui ont, paraît-il, participé à ce projet.

Tout y est : label décerné par le ministre près avis d'une commission tripartite. Rapport préalable d'un organisme certificateur. Débat avec les partenaires sociaux et intégration du thème dans la NAO (négociation annuelle obligatoire). Sessions de formation, pour sensibiliser tout le monde (un fromage de plus pour les organismes de formation). Mesure de l'équité dans les recrutements, les promotions, les primes, les rémunérations. Prise en compte du respect de ce critère dans la promotion et l'évaluation des managers. Mise en place d'indicateurs et de tableaux de bord. Intégration dans le bilan social. Curriculum vitae anonyme. Partenariat avec écoles et associations. Et même, vérification de la composition des groupes de projet.

Le code du travail est plein de ces initiatives superbes, qui, après avoir connu leur période médiatique, sommeillent doucement sous la lettre L ou R.

Pa exemple, que deviennent les fameux groupes d'expression des lois Auroux ? Est-il encore une grande entreprise qui les réunisse, alors qu'ils sont obligatoires ? A quoi sert vraiment le bilan social, au-delà du magnifique exercice de présentation au CE ? Les écarts constamment mesurés au chapitre de l'égalité homme/femme, ont-ils fait évoluer les pratiques ? Que dire des suites données à tous les rapports touchant la sécurité ? Que dire de la formation obligatoire à la sécurité au poste de travail de tout nouvel arrivant ? Comme toujours, en France, on pense qu'il n'est de problème ou de préoccupation qui ne se résolve par une bonne loi….

Erreur ! Toutes ces préoccupations touchant la sécurité, l'expression des salariés, les conditions de travail, l'égalité homme/femme, la rémunération, la diversité ethnique, etc...appartiennent d'abord aux managers, bien avant d'appartenir aux juristes.

C'est une erreur bien française de croire qu'il suffit de prévoir un rapport ou un audit pour que les chefs d'entreprise et les managers s'exécutent. Le vrai effort est à produire du côté du changement de comportement des chefs d'entreprise, des recruteurs et des managers. Ceux-ci n'arrivent déjà pas à concevoir qu'ils aient un quelconque intérêt à recruter un cadre quinquagénaire expérimenté, diplômé et estampillé européen. Et vous voudriez les forcer à tenir compte de la diversité ethnique ? Ceux-ci ont déjà de la peine à aligner les rémunérations des femmes sur celles des hommes, à emploi équivalent, et vous voudriez les inciter à mériter un label de diversité ethnique ? On ne dira jamais assez qu'il faut laisser agir les entreprises et les managers. Et je n'ai jamais vu la prévention mieux respectée que dans cette entreprise US, où aucun patron ou cadre ne pénétrait dans les ateliers sans casque, gants et paires de lunettes. Je redoute aussi l'effet pervers de la promotion de salariés, excellemment notés en diversité ethnique, mais fort médiocres en management. Il n'est donc pas question de transiger sur les qualités de base exigées du manager, même au nom de la diversité ethnique. Par contre, ces managers agiront de manière d'autant plus adaptée qu'on les aura bien formés, bien éduqués, bien sélectionnés ....

C'est dans les écoles de toutes sortes, aujourd'hui, que se construit la capacité des managers de demain à intégrer les avantages de la diversité ethnique.

J'attends avec impatience se voir mettre en place des formations en management dignes de ce nom dans les écoles de l'élite, comme à l'université. Si l'on veut aller plus vite, alors n' hésitons pas à adopter une démarche volontariste en imposant *des quotas de discrimination positive.* Cette politique a eu un impact certain avec la population noire, aux Etats Unis. Mais il faudra raison garder pour ne pas aligner, outre des quotas de diversité ethnique, des quotas de seniors, des quotas de femmes aux postes de direction, des quotas de jeunes originaires des quartiers défavorisés....

Est-ce que le concept de développement durable, appliqué aux RH, a du sens ?

J'ai croisé il y a quelques jours, une consultante en développement durable. Je lui ai demandé ce que pouvait signifier cette notion, appliquée aux ressources humaines. Elle m'a répondu qu'il s'agissait de la capitalisation des savoirs. Très heureux, sur le coup, de sa réponse, je me suis dit qu'en France, des dizaines de milliers de seniors étaient prêts à capitaliser leur savoir et qu'ils étaient accueillis de la manière que l'on sait. Je me suis promis d'y réfléchir.c'est ce que j'essaye de faire ici

Le développement durable consiste à répondre aux besoins des générations du présent, sans compromettre la capacité des générations futures à répondre aux leurs.

En réponse à ces besoins, les ressources auxquelles on fait référence, en matière de développement durable, sont « les ressources de la terre ». Est-ce que l'emploi fait partie des «ressources de la terre» ? Strictement non. Par ailleurs, l'emploi n'est pas une ressource épuisable, à condition d'accompagner son évolution et de ne pas devenir obsolète : c'est l'employabilité. En supposant que l'emploi soit, au sens large, une ressource, non de la terre, mais de la civilisation, à quels besoins faudrait-il répondre ? Le terme de besoins mérite précision.

En fait, il s'agit des besoins essentiels des plus démunis.

On discerne bien, parmi nos populations occidentales, celles à qui peut s'appliquer ce qualificatif : les jeunes sans travail et sans qualification, les seniors ont une qualification et, souvent, certains moyens de subsistance, même si ce n'est pas le Pérou et, ne les oublions pas : les immigrés. Ceci fait, il nous resterait à répondre à la deuxième condition, qu'on pourrait formuler ainsi : le souci de répondre aux besoins essentiels des jeunes sans qualification ne doit pas compromettre les besoins des générations futures. On voit mal en quoi le fait de répondre aux besoins des jeunes sans qualification pourrait compromettre les besoins des générations futures.

Finalement, est-ce que la notion de développement durable apporte aux gestionnaires des ressources humaines un éclairage nouveau qui les aide à avancer ?

Oui et non. Non, parce que nul n'avait besoin d'une notion nouvelle pour toucher du doigt le problème des jeunes sans qualification. Oui, parce que l'homme est ainsi fait qu'il a besoin, régulièrement, de quelque chose ou de quelqu'un pour réveiller sa conscience. Si le concept de développement durable amène les éducateurs, les enseignants, les professionnels des RH, à faire un effort particulier pour répondre aux besoins des plus démunis dans nos sociétés, alors, il aura servi à quelque chose. Quand Sciences po Paris s'ouvre aux jeunes des quartiers, on peut dire qu'il s'agit là d'une initiative s'inscrivant dans une démarche de développement durable.

La leçon de management de Koh Lanta

Pour rappel : deux équipes, chacune sur une île déserte, sont confrontées à une série d'épreuves. A la fin de chaque épreuve, les membres du groupe votent pour en éliminer un, sauf s'il a gagné une épreuve d'immunité. Au bout d'un certain temps ; les deux équipes se réunissent. Le même mécanisme d'élimination continue à fonctionner jusqu'à l'épreuve finale. Le gagnant désigné parmi les finalistes est celui qui a réuni le maximum de suffrages parmi ses camarades éliminés. Ce jeu de télé-réalité est intéressant car il montre à voir les comportements humains, dans un milieu relativement hostile, avec fort enjeu. (100.000 euros pour le gagnant)

Je vous livre les enseignements que j'en ai tirés :

1- Un bon tiers de compétiteurs renonce rapidement : ils n'ont pas été habitués à souffrir !

2- D'autres candidats, bons compétiteurs parfois, sont trahis par leur corps, et doivent renoncer.

2- Tant que l'enjeu financier paraît lointain, les « *bons comportements humains* » se manifestent plus facilement. Certains candidats peuvent même aller jusqu'à abandonner le gain de leur immunité à un bon copain. Le gagnant d'une épreuve de confort rapporte un peu de nourriture à ses compagnons d'infortune.

3- Chaque élimination donne lieu à des tractations secrètes, où coups bas et traîtrises diverses et variées, vont bon train. Ce phénomène est relativement encadré si un leader émerge et souffle des consignes de vote.

4- Dès qu'un candidat se sent menacé d'élimination, subitement, son comportement change : il lui prend l'envie irrépressible de devenir sympathique à tous, en dépensant beaucoup d'énergie à faire la vaisselle, pêcher ou entretenir le feu.

5- Des leaders tentent d'émerger, en faisant valoir leur supériorité physique. Comme dans la tribu de Cro Magnon, le chef, c'est le plus fort. Mais attention, en France, on n'aime pas l'autorité et ceux qui la portent. Le chef de tribu peut se voir sacrifier, en finale, par tous ses rivaux malheureux.

6- Les candidates féminines s'alignent sans trop de problème, sur l'ordonnancement décidé par les hommes.

7- Celles qui sont tentées de s'opposer, sont éliminées, ou mesurent rapidement le caractère vain de leur tentative et se cherchent parfois un protecteur. Mais leur influence dans les discussions pré-éliminatoires reste importante.

8- Faute de leader charismatique, des clans masculins et féminins se forment, moyen de faire jouer des solidarités basées uniquement sur la différenciation sexuelle.

9- Dans tous les cas, quel que soit le mérite du candidat, c'est son appartenance initiale à la tribu rouge ou verte, qui décide de son élimination.

10- Le gagnant est rarement le meilleur sportif ou le plus méritant, c'est souvent quelqu'un qui, sans briller particulièrement, a su accumuler le moins de critiques négatives à son endroit et à tenir physiquement, ce qui est , en soi, une performance. De ce point de vue, les candidates, plus habiles et plus « fines » que leurs collègues masculins, sont souvent désignées vainqueur.

Conclusion :

Koh Lanta décrit bien notre manière d'exister en groupe, dans des conditions difficiles, quand le mental, voire l'éthique, sont trop faibles pour éviter de sombrer dans la médiocrité. Doubles jeux, hypocrisie à haute dose, petites combinaisons, trahisons multiples et variées, recherche de protection, silences coupables, supériorité des affinités diverses sur le vrai mérite, jalousie de ceux qui parlent mieux, de ceux qui gagnent. Les plus françaises de ces caractéristiques sont probablement la difficulté à reconnaître la supériorité des vrais compétiteurs (on la reconnaît, mais on vote contre eux, à la fin) et la difficulté à jouer « franc jeu » : c'est notre côté florentin. Et enfin, mais ce n'est pas seulement français, ignorance de tout autre considération, quand le gain est à portée de main. De ce point de vue, riches et pauvres, faibles et puissants, se comportent de la même manière !

Un peu d'élégance, s'il vous plaît.

Le DRH, préfet de l'empire ?

Napoléon III, disait : «*J'attache la plus grande importance à la stabilité des préfets dans leur département. Un préfet médiocre, mais qui connaît depuis longtemps le pays, vaut mieux qu'un préfet distingué, de passage*» Et si on remplaçait le mot « Préfet », par le mot « DRH » ?

C'est tout le rôle du DRH, qui est posé à travers cette phrase.

Un certain nombre de patrons, j'en ai connus, partagent tout à fait l'avis de Napoléon III. Ce qu'ils attendaient de leur DRH, ce que certains attendent encore, c'est qu'il connaisse le plus intimement possible le maximum de salariés, tous si possible, et que, par le jeu des circonstances, il ait rendu suffisamment de services aux uns et aux autres, pour que ceux-ci, y compris les syndicalistes, soient devenus ses obligés.

Le DRH, dans cette acception, c'est un majordome, doublé d'un Foucher.

Cette politique RH se résume à cultiver une multitude de relations personnelles, de sorte qu'on puisse utiliser cette proximité, au moment opportun, si un autre enjeu, autrement important pour l'entreprise, le commandait. La nature humaine étant ce qu'elle est, combien d'individus cèdent, ont cédé, pour des enjeux personnels, à des positions de principe que leur rôle, ou leur responsabilité, leur commandait ou leur aurait commandé de prendre ? Ce n'est, bien entendu, pas notre conception de la fonction RH et du DRH. Là où le mot de Napoléon III nous oppose, c'est que le choix n'est pas entre un Préfet qui connaît bien son monde et un préfet distingué, mais entre un Préfet qui connaît son monde et un Préfet, qui, même s'il reste peu de temps, a fait bouger les lignes !

Le rôle du DRH, selon nous, est stratégique beaucoup plus que tactique.

Il consiste à dégager les lignes de force d'une politique RH qui satisfera, à l'optimum, les intérêts de l'entreprise et ceux des salariés. Son rôle exige du recul et suffisamment de temps dégagé pour tracer ces perspectives. Si l'interpersonnel, le ponctuel et le quotidien l'absorbent tout entier, quel temps et quelle disponibilité d'esprit lui resteront-ils pour jouer son rôle stratégique ? Par ailleurs, dans un monde où la mobilité est la règle et où la multi-culturalité est indispensable, je ne vois pas pourquoi le DRH serait le seul être stable et à ne connaître qu'une seule culture d'entreprise ! C'est d'ailleurs sa propre multi-culturalité qui est une richesse pour l'entreprise, plus que sa connaissance accumulée de la petite histoire de l'entreprise, même si cette connaissance n'est pas sans intérêt.

L'action du DRH

Le DRH a un rôle relationnel incontestable. Mais ce rôle doit être choisi et ciblé. Dans la gestion de votre temps, compte tenu des incontournables, il vous faudra « ferrailler ferme » et déléguer fortement, pour conserver le temps nécessaire à la réflexion stratégique ainsi qu'au pilotage des grands chantiers RH que vous aurez lancés. Ne soyez pas un DRH à la petite semaine, même si nombreux sont ceux qui voudraient vous y cantonner !

Le DRH et le risque

La fortune sourit aux audacieux, nous ont appris nos maîtres latins, ou peut-être grecs. Mais pourquoi les DRH devraient ils prendre des risques ? Ne sont ils pas là, justement, pour éviter à leur entreprise, de prendre des risques avec leur personnel ? Personnellement, je suis convaincu que le plus grand risque consiste à ne pas en prendre. Et que l'ordre apparent cache souvent un grand désordre, ou un mauvais ordre. Donc, les DRH gagneraient sans doute, à prendre plus de risques :

Lors du recrutement par exemple :

L'exercice est difficile. Il le reste, même après avoir fait un bon débriefing avec l'équipe de recrutement. Au moment de prendre votre décision, il vous fait très souvent prendre un risque. Il faut alors écouter la petite voix intérieure qui vous dit : « *C'est moins bien que ce que j'ai pensé à la seconde initiale, mais j'ai bien envie de prendre un risque avec lui !* ». Finalement, aucun test, aucun CV ne pourra jamais vous éviter de faire un pari sur l'homme ou la femme que vous allez recruter. Vous faites un pari sur l'intérieur de cet homme ou de cette femme, sur son potentiel, dont vous ne cernez pas encore la densité, mais que vous sentez, favorablement.

Lors d'une négociation sociale,

J'ai souvent noté que la bascule, pour s'effectuer, supposait qu'en un instant, vous preniez la décision d'accepter une proposition d'ouverture, sans prendre le temps de consulter qui que ce soit. A ce moment là, vous avez 3 secondes pour répondre oui ou non. C'est gagné ou c'est perdu. Il faut savoir prendre son risque par rapport à son patron qui voudrait bien décider à votre place, à ce moment là !

Lors d'une transaction,

Moment toujours délicat, c'est bien entre deux hommes que les choses se passent, et non entre un avocat et un DRH juriste. D'ailleurs, beaucoup de cadres n'acceptent de négocier qu'avec vous, parce que c'est vous et parce qu'ils ont confiance en vous. A un moment où ils se sentent trahis par leur patron comme par leur entreprise. Il faut prendre le risque d'accepter la négociation quand vous sentez que s'est établi l'équilibre entre l'intérêt de l'entreprise et l'épaisseur du dossier du cadre que vous souhaitez voir quitter l'entreprise.

L'action du DRH

Ayez toujours en tête que : gérer les hommes, c'est souvent prendre un pari sur eux et ce pari n'est pas neutre. C'est aussi, parce qu' ils sentent que vous attendez d'eux le meilleur, qu'ils sont incités à donner le meilleur, même si, objectivement, ils étaient bien loin du meilleur. Même si, souvent, le pari est perdu; il faut toujours parier sur le meilleur, sans se décourager, jamais. Mais cela suppose que vous preniez des risques, aussi, face à votre patron, pour assumer les choix que vos avez faits, sans demander préalablement son avis. Et là, c'est sur votre courage et votre personnalité qu'il faut parier, sinon, ne vous faites pas appeler DRH, mais seulement assistant RH !

Confiance et contrôle

«Quand le contrôle apparaît, la confiance, souvent, disparaît». Je ressens dans cette phrase beaucoup de vérité. J'ai commencé ma vie professionnelle à une époque où le management n'était pas codifié, et ses outils, considérés comme rudimentaires, aujourd'hui.

La parole avait son poids.

On ne consignait pas par écrit chaque entretien, ni ne recourions, pour un oui ou un non, à un avocat, pour officialiser une décision contractuelle. L'évaluation était quotidienne et personne ne me convaincra qu'un manager, qui vit en permanence avec son équipe, a besoin de consigner par écrit le jugement qu'il porte, jour après jour, sur la quantité et la qualité du travail de ses collaborateurs. D'ailleurs, derrière une apparente objectivation, c'est bien ce jugement intime qui prévaut. Mais on refuse encore de le reconnaître ! La confiance était la règle.

La multiplication des reportings et évaluations diverses, importés de pays ayant une autre culture que la nôtre, a-t-elle vraiment conduit les personnels à se comporter mieux au travail ?

La confiance souvent, a disparu. Les travaux que le salarié faisait spontanément, sans qu'on lui commande, ont disparu ; les relations entre salariés, sont devenues plus agressives, compte tenu du stress généré par l'obligation d'atteindre ses objectifs; les missions du poste, figurant dans la définition de poste, se sont effacées derrière une pléiade d'objectifs ponctuels et circonstanciés.

Un jour viendra, où on fera l'examen des plus et des moins apportés par la systématisation des moyens de contrôle mis en place dans les entreprises, ces dernières années.

En agissant ainsi, on croit pratiquer un management moderne, on se trompe. On se trompe parce qu'on oublie que le meilleur de l'homme repose sur les défis, souvent très exigeants, que l'individu se fixe à lui-même et parce que le climat managérial, lui donne envie de donner : organisation facile, hiérarchie des salaires cohérente, contenu des tâches enrichi, relations faciles et informelles, climat décontracté, arrangements réciproques permettant de concilier vie professionnelle et vie privée, humour et convivialité…

L'action du DRH

Avant de mettre en place un nouvel outil RH, interrogez vous toujours sur ses effets secondaires. (comme les notices médicamenteuses...). En comité de direction, attirez l'attention des grands normalisateurs que sont les contrôleurs de gestion et les responsables qualité ou sécurité, sur les effets pervers des outils formels qu'ils veulent mettre en place.

Six sigma : mode, ou sesame ultime de la chasse aux coûts ?

Si l'on essayait de faire un tri parmi les centaines de méthodes de management, on trouverait d'un côté les *méthodes dites des organisateurs* et des techniciens axées sur la maîtrise des coûts, la gestion des informations, la mesure des temps, les analyses statistiques. Ce sont plutôt des méthodes rattachées au management traditionnel, très influencées par les outils informatiques. Six sigma appartient à cette première catégorie. On pourrait la résumer ainsi : «Si on peut mesurer, on peut corriger ». En simplifiant, le facteur décisif de l'amélioration est la méthode. D'un autre côté, coexistent *les méthodes des formateurs* et des managers, plutôt rattachées au management dit moderne. Elles vantent l'analyse stratégique, le marketing, la gestion de projet, la créativité, l'évolution des comportements et de la culture de travail, le règlement au quotidien des petits problèmes d'adaptation. Le facteur décisif de l'amélioration est l'homme.

Selon les époques, une méthode apparaît en pleine lumière et, comme une comète, s'évanouit peu à peu.

Un peu d'histoire : en 1980, une révolution managériale débarque en France, en provenance directe du Japon : la gestion de la qualité, avec sa dimension statistique déjà. Et pour cause : les japonais, depuis longtemps, ont traduit l'apport théorique du professeur américain Juran et l'ont transposé dans leur mode de fonctionnement collectif. Ce qui fera florès en France, c'est la dimension humaine et participative de la méthode beaucoup plus que sa dimension statistique. Question d'époque, probablement. Mitterrand est élu en 1981.

Tout le monde s'entend alors sur le fait que c'est l'homme qui est le facteur décisif de l'amélioration.

Tout simplement, on explique que rien n'est plus profitable pour l'entreprise que de solliciter l'intelligence de tous ses acteurs, puisée à la source, à l'aide des cercles de qualité : des petits groupes de salariés, qui se réunissent régulièrement et qui, à l'aide d'une méthode de résolution des problèmes, règlent les dysfonctionnements qu'ils rencontrent quotidiennement, au travail. Les formateurs tiennent le haut du pavé : le facteur humain , entendez la base, privilégié, fait enfin la preuve du retour sur investissement de la place qu'on lui accorde dans l'entreprise. Mais, mobiliser l'intelligence des acteurs suppose de les former (ça coûte) de les réunir (hors du temps de travail de préférence, parce que ça coûte) et de les récompenser des économies réalisées (ça coûte encore). Surtout, ce cercle échappe un peu à la sourcilleuse autorité du chef. Enfin, les techniciens des bureaux d'études se font souvent doubler par des amateurs de la base qui trouvent de meilleures améliorations qu'eux, à deux fois moins cher, souvent. L'ordre de l'entreprise est perturbé. Dangereux !

Ce fait, ajouté à notre penchant latin à tout théoriser et complexifier (ça fait plus sérieux), va rapidement mettre fin à cette bluette un peu simpliste.

On retrouve alors le vrai sens de la théorie du professeur Juran, trop vite occulté, dé-japonisé, axé sur l'amélioration des processus. C'est ainsi que se met en place l'énorme machinerie de la certification ISO. Depuis les croisades, on sait mobiliser : il faut un saint sépulcre, un Graal ; c'est l'objectif désigné : améliorer la qualité finale du produit. Il faut des chevaliers : les consultants qualité ; il faut un corpus de règles : l'approche processus; il faut une sanction, une victoire : ce sera la certification ISO. Rapidement, la certification se bureaucratise aussi vite qu'elle se généralise et désespère vite tout le ban et l'arrière ban de l'entreprise. La certification est devenue l'huile de foie de morue de l'entreprise : c'est utile mais qu'est ce que c'est mauvais !

Il est urgent d'introduire une novation pout ranimer la flamme de la lutte pour la qualité.

Ce sera le rôle de la méthode six sigma, empruntée aux US, chez General Electric, comme d'habitude. En deux mots, la méthode préconise de mesurer les taux d'erreurs des processus et de les comparer aux taux que le client est prêt à accepter, permettant de déterminer ainsi un écart. L'objectif consiste à ce que 99,99 % des cas se déroulent sans défaut, en trouvant les solutions techniques ou organisationnelles appropriées. Elle est souvent associée à la méthode Lean, qui se propose d'éliminer tous les temps inutiles qui ne créent pas de valeur pour le client (qui peuvent aller jusqu'à 50% du temps). Le beaujolais a l'énorme avantage d'être un vin dont la qualité «objective» change peu mais dont le lancement annuel, devenu rite, enflamme l'esprit de ses goûteurs, au point qu'ils lui découvrent chaque année des vertus nouvelles.

Six sigma serait-il « le goût banane » de l'amélioration qualité ?

Oui et non. Oui, parce que le cost killing (réduction des coûts), le reengineering (refonte des processus), le TQM (management de la qualité totale) sont des démarches aussi efficaces, voire plus, visant à augmenter la qualité et diminuer les coûts. Non, parce que si les approches qualité ont permis une formalisation des processus, elles doivent recevoir l'apport du six sigma et du Lean pour mettre l'entreprise sous tension et éviter de laisser dormir des documents qui ne seront jamais utilisés. Du point de vue marketing, le six sigma, comme l'Iso, possède tous les ingrédients du bon produit : l'objectif est désigné : l'amélioration de la qualité finale du produit ; les chevaliers aussi : des consultants qualité ayant subi un refit, et baptisés yellow belt, green belt, black belt, master black belt, après quelques sessions de formation bien rémunérées. Le corpus de règles : c'est la méthodologie Dmaac: définir, mesurer, analyser, améliorer, contrôler. Le résultat : des économies substantielles, pour l'entreprise. Mais, le six sigma reste une affaire d'experts et d'initiés.

Et les salariés, qu'en pensent ils ?

La majorité des salariés, une fois échaudée, regarde la caravane passer. De toutes ces caravanes, le six sigma est la n-ième. On les a pris, une fois ou deux, dans une « aventure managériale » prometteuse, ils ont marché », on ne les reprendra plus. Pourquoi ? Parce que ces « aventures » ont souvent été des bourgeons qui n'ont pas tenu la promesse des fleurs : de grands discours accouchant de toutes petites actions. Parce que le gagnant/gagnant s'est transformé en gagnant/perdant, au service du seul porteur du projet, et à l'avantage des heureux cabinets de consultants. Il suffirait pourtant de peu de choses pour que la petite étincelle, qui brûle pour le meilleur au coeur des hommes, se ranime : partager les économies réalisées avec le personnel, comme souhaitait le faire le gouvernement Sarkozy pour les enseignants, en contrepartie de la réduction des postes ; montrer l'exemple en réduisant leur train de vie et leurs augmentations, pour les Dirigeants ; promouvoir des chefs ayant de vrais capacités de leaders.

L'action du DRH

Quatre choses qu'il vous faut retenir :

- Aucun progrès durable de la performance de l'entreprise ne peut faire l'économie de la mise en place de vrais managers, patrons de centres de profit, dont l'ardente obligation au quotidien consiste à optimiser les coûts et améliorer la qualité du produit, depuis toujours, quelle que soit la méthode utilisée.

- Aucun progrès durable de la performance de l'entreprise ne peut faire l'économie de la participation active de tous les acteurs de l'entreprise, cadres et salariés.

- Aucun progrès, sollicitant la participation du personnel, ne peut durer si le personnel n'y trouve pas clairement un avantage. Tout le monde ne peut pas être japonais ou vendéen.

- Aucun progrès durable auprès du personnel, sans vrais efforts d'exemplarité de la part des Dirigeants.

Pour info, des milliers de cercles de qualité fonctionnent toujours au Japon ; chaque salarié de Toyota city apporte 10 à 20 suggestions d'améliorations par an, qui lui sont bien sûr rémunérées. Toyota est devenu premier constructeur mondial d'automobiles.

Taxe (additionnelle) de transport, est-ce vraiment aux entreprises de payer ?

L'extension à la province de la prise en charge avantageuse des frais de transport, dont bénéficient déjà les salariés d'Ile de France, du fait du prix des carburants, pose un problème de fond qui va bien au-delà des sommes supplémentaires, et donc des coûts, que l'entreprise risque d'avoir à supporter. Selon moi, c'est un avatar supplémentaire de ce que l'on appelle l'économie administrée, le plus souvent mise au service des visées politiques des gens qui nous gouvernent.

Essayons de raisonner à partir de zéro :

Dans un état «normal », le rôle de l'état consisterait à mettre en place les conditions favorisant la création et le développement des entreprises. C'est-à-dire qu'il s'emploie à favoriser l'accès aux capitaux pour de futurs entrepreneurs ou repreneurs, qu'il équipe des zones artisanales et industrielles, qu'il négocie les traités internationaux favorisant le commerce international, qu'il réduit au maximum les formalités administratives, qu'il veille jalousement aux conditions de la concurrence et surveille les ententes, qu'il réduit le droit du travail à l'essentiel et laisse aux partenaires sociaux des entreprises le maximum de place à la négociation, quitte à rendre obligatoire le délégué syndical dans les plus petites, qu'il veille à ce que tous les salariés puissent se présenter aux élections comme représentants du personnel, que les droits de la représentation salariale soient largement simplifiés etc. Bref, le rôle de l'Etat, en économie, est de libérer les énergies et des les favoriser par des mesures appropriées. Au lieu de cela, en France, on a crée des niveaux de négociation, national et par branche, peuplés d'acteurs institutionnalisés, qui génèrent une bureaucratie étouffante. C'est ainsi qu'existent déjà et s'imposent aux entreprises le 1% logement, la formation obligatoire, la prime de transport (elle existe déjà) …Tous ces mécanismes génèrent chacun leur bureaucratie appelée organisme paritaire, avec ses permanents, ses frais de gestion, et finalement une masse d'argent gaspillée.

Dans un Etat « normal », un entrepreneur ne prendrait en charge ni le logement, ni le transport, ni le restaurant, mais assurerait un salaire décent apte à permettre à ses salariés de pouvoir construire ou acheter un logement, et se déplacer pour venir au travail. A charge pour l'Etat, d'allouer aux salariés qui le méritent, des aides sociales, aux collectivités de mettre en place des réseaux de transport adaptés, de bâtir des crèches, de faciliter l'érection de restaurants bon marché, à proximité de l'entreprise, en accordant l'espace nécessaire. Cet argent là serait mieux utilisé ici qu'à construire des musées de prestige, là. D'ailleurs, nombre de villes accordent déjà la gratuité des transports publics aux agents de certaines administrations (La Poste), au nom de l'écologie, qu'attendent-ils pour accorder le même avantage aux salariés du privé ? Le conseil général des Alpes maritimes a instauré le transport à 1 euro pour faciliter les déplacements vers Nice. Initiative à encourager ! Ni logement, ni transport, ni cantine, ne relèvent de la responsabilité des entreprises : le patron, paternaliste qui construisait des logements et des dispensaires a heureusement vécu !

Intoxiqués que nous sommes par une vision erronée des choses, nous ne raisonnons plus qu'en terme d'économie administrée, au moment même où il faut absolument libérer les entreprises de tous ces carcans pour qu'elles retrouvent une chance dans l'économie mondialisée.

De la même manière et logiquement, il faut supprimer toutes les aides, exonérations de charges et subventions aux entreprises car il est quasiment certain qu'elles ne servent à rien, coûtent cher aux citoyens et sont une intrusion sans fondement de l'Etat dans la vie des entreprises. Elles ne font qu'encourager les employeurs à chasser la prime et faussent les mécanismes managériaux : j'embauche un salarié parce que je bénéficie d'une aide et non parce qu'il est compétent. Il n'y a qu'en France qu'on puisse voir un Etat accorder aux entreprises des aides en compensation de la réduction obligatoire de l'horaire de travail, décidée par lui, sans aucune raison économique. Il est grand temps qu'en France chacun retrouve son rôle, l'Etat et les collectivités, comme les entreprises.

Les ennuis de la transparence,

Edwige, ce fichier sur les personnes susceptibles de nuire, destiné à protéger les citoyens, nous rappelle que la transparence n'est pas sans inconvénient. Et j'en connais plus d'un au gouvernement qui doit regretter le ronron du service des renseignements généraux et leurs notes secrètes, comportant bien plus que les informations prévues dans le fichier Edwige. Tout le monde se rappelle de la cellule secrète du président Mitterrand et du capitaine Baril.

Pour nous, DRH, cette affaire souligne le choix que nous avons à faire souvent entre « garder une information secrète » ou la rendre publique, sachant qu'il faudra s'en expliquer et risquer une polémique.

Pas seulement s'en excuser d'ailleurs, car, dans ce cas, il faut aussi convaincre. L'officialisation du fichier des RG pose problème, moins dans son principe, que dans la pertinence de son contenu. Les occasions de choisir entre le secret et la transparence sont nombreuses pour un DRH : le principe de calcul des augmentations et des primes, la grille des salaires réels, les principes de recrutement et de promotion interne, le contenu du journal d'entreprise, les décisions du comité de direction, etc...............

»Faire la maison de verre » était un principe de management fort recommandé par un ex patron du plazza Athénée, Paul Bougenaux, qui l'a d'ailleurs payé de sa place...

Et il avait bien raison, tellement il y a d'avantages à dire la vérité et à la partager. Car, sans confiance forte entre managers et salariés, il ne peut y avoir de management qui tienne. Il y aura de la surveillance et de la contrainte, de la peur, de la discipline, c'est tout. Or, la transparence est la condition de cette confiance. Et comme la confiance ne se partage pas, très peu de choses peuvent et doivent rester cachées. La force du patron transparent, c'est de dire à ses salariés : « j'ai de gros problèmes, je vais vous les exposer et nous allons essayer d'imaginer ensemble la moins mauvaise des solutions pour vous comme pour l'entreprise ». C'est vrai que de rendre les choses publiques, rend tout plus compliqué. Prenons le cas des salaires : Impossible de rendre publique la grille des salaires réels sans avoir réfléchi avant aux moyens de la rectifier.

Mais imaginez la force de cette entreprise si une majorité de salariés considère le système salarial de l'entreprise comme équitable ?

La difficile transparence est le prix de l'acceptation des efforts ; le régime des retraites et des impôts n'est pas accepté par les français parce qu'ils les pensent inéquitables. Et ils les pensent inéquitables parce qu'ils restent obscurs, pour la plupart. La transparence est la condition du débat social dans l'entreprise. Il produit aussi de la responsabilisation et rejette au loin les facilités de l'anathème qui saupoudrent trop souvent les tracts syndicaux.

Se priver de la transparence, c'est se priver d'une condition de base de mobilisation et de responsabilisation du personnel.

Connaître l'entreprise, comprendre les hommes

Deux populations sont souvent face à face quand il s'agit d'analyser la vie des entreprises. D'un côté, il y a ceux qui connaissent bien l'entreprise, et de l'autre côté, ceux qui sont en compréhension des hommes. Les premiers sont chefs d'entreprise, contrôleurs de gestion, experts comptables, techniciens ou experts de quelque chose, en lien avec les phénomènes techniques, organisationnels, administratifs, gestionnaires, commerciaux de l'entreprise. Bien sûr, ils savent qu'il faut accorder une certaine importance à l'homme au travail, mais cette prise de conscience les agace : c'est un mal nécessaire.

Si demain, ils pouvaient tout automatiser ou tout robotiser, ils seraient les plus heureux des hommes.

Car cette drôle de machine qu'est l'homme, si peu fiable, si délicate, si compliquée, aux performances si instables, à la stabilité si fragile, les énerve. En raccourci, on les appellera les libéraux. D'un autre côté, j'ai un peuple savant de connaisseurs de la chose humaine. Ils sont médecins du travail ou assistante sociale, psychologues, sociologues, formateurs ou enseignants d'une science dite molle quelconque, inspecteurs du travail, contrôleurs de sécurité sociale, syndicalistes. Bien, sûr, ils savent que l'entreprise poursuit un but de profit, que la santé économique de l'entreprise, ses performances, sont une condition de l'emploi et des avantages qui lui sont liés.

Mais, ils n'arrivent pas à se résigner à cette idée que des hommes en font travailler d'autres pour gagner de l'argent, pour eux. Même si ceux là, permettent à d'autres d'avoir un emploi et donc un salaire.

Ces deux populations sont bien sûr amenées à travailler ensemble, mais l'expérience m'amène à dire qu'elles sont sur des logiques différentes, quand ce n'est pas contraires. C'est peut être la raison pour laquelle les relations sociales, en France, sont si difficiles. En raccourci, on les appellera les sociaux.

Derrière ces deux logiques, ce sont deux conceptions du monde qui s'affrontent encore.

Encore, parce que dans beaucoup d'autres pays développés, ce vieux débat entre « exploiteurs » et « exploités », a vécu. Cette difficulté s'accroit encore, en France, du fait que nos partis politiques n'ont encore pas tout à fait admis la voie libéro-sociale pratiquée en Europe. Deux conceptions du monde s'affrontent encore, en France, malgré la faillite du communisme, la disparition de l'URSS et la chute du mur de Berlin ! Deux conceptions s'affrontent encore malgré la faiblesse des syndicats, leur abandon de la lutte des classes et de la suprématie du prolétariat.

Conséquence aussi de cet état de fait, l'espèce de marais qui donne lieu à l'expression d'une économie administrée.

Cette économie bizarre, où l'Etat tient trop la chandelle, ne permet ni aux entreprises de gérer leur développement à leur guise, ni aux hommes des entreprises de prendre confiance en eux et de compter d'abord sur leur initiative et leur responsabilité. Le relèvement de la France passe forcément par l'évanouissement de l'Etat et par la capacité de ces deux populations à travailler mieux ensemble. Pour que « ça » marche, il faut connaître l'entreprise et ses nécessités et comprendre, bien, les hommes qui y travaillent.

A quoi reconnaît-on un incompétent ?

Après quelques années d'expérience, un DRH est tout à fait en mesure de repérer un incompétent, sauf s'il en est lui même un !

L'incompétent se reconnaît aux indices concordants suivants :

- Il parle, plus que les autres, de l'énormité de la tâche qui l'écrase.

- Il travaille plutôt en période décalée, avant ou après les horaires habituels.

- Il ne tarit pas d'éloges sur les mérites du patron, de son entreprise, de son chef.

- Il est prêt à faire des efforts quand on n'a pas besoin de lui.

- Il participe aux évènements extra professionnels de l'entreprise

- Il vante ses engagements extra professionnels

- Il met toujours en avant la solution la plus sophistiquée (et la moins facile à mettre en oeuvre)

- Il travaille à la maison et le fait savoir.

- Il est toujours dans l'urgence.

- Il s'intéresse à tout ce qui peut avoir, indirectement, une retombée positive sur son travail.

- Il est apparemment cultivé.

- C'est un « grand diseux » et un « petit faiseux », comme disent les gens du nord.

- Il sait que les petits services rendus au pouvoir, valent souvent plus que le vrai mérite déployé au quotidien, dans la discrétion.

- Il a beaucoup d'entregent.

- Il n'oublie jamais de rappeler ses diplômes.

- Il sait parler de ses ascendants et relations, quand ils le valorisent.

- Il sait se rendre agréable et rendre service, pour qu'on oublie mieux ses manques.

- Il a toujours mille excuses au travail qu'il n'a pas rendu à temps.

- Il subit plus de malheurs personnels que la moyenne des gens.

- Il montre beaucoup de compassion aux malheurs des autres.

Le DRH et la vérité,

Pourquoi, en France, a-t-on autant peur de la vérité, et des mots pour la dire ? Quelques exemples au hasard :

Pourquoi le cinéma français a-t-il des pudeurs de vierge, face à notre histoire des 50 dernières années ?

Pourquoi ne dit-on jamais, ou que très rarement, au candidat à un poste, pourquoi on n'a pas retenu sa candidature ?

Pourquoi ne dit-on jamais aux partenaires sociaux qu'on va licencier ?

Pourquoi ne dit-on jamais aux français qu'on vit au dessus de nos moyens ?

Pourquoi ne dit-on jamais qu'on va privatiser, quand on ouvre le capital des entreprises publiques ?

Pourquoi les bilans de compétence concluent-ils toujours que vous êtes aptes à tout ?

Pourquoi les journalistes crient-ils au «pétage de plomb», quand quelqu'un dit ce qu'il pense et use des mots qui conviennent pour le dire ?

Pourquoi n'ose-t-on jamais dire à quelqu'un qu'il est un fainéant ?

Pourquoi n'ose-t-on jamais dire à un patron qu'il est insupportable ?

Pourquoi n'ose-t-on jamais dire aux grévistes que leur grève est illégale

Pourquoi n'ose-t-on jamais dire aux syndicats paysans que les dégâts qu'ils commettent méritent la correctionnelle ?

Pourquoi n'ose-t-on jamais dire à ceux qui se revendiquent d'une ethnie ou d'une religion qu'ils ont d'abord à respecter les lois de la République ?

Pourquoi ne dit-on jamais aux fonctionnaires que la sécurité de l'emploi est d'une valeur inestimable ?

Pourquoi ne dit-on jamais aux titulaires de diplômes obtenus à la va-vite, que celui-ci ne remplacera jamais des années de travail intellectuel.

Pourquoi ne dit-on jamais que la vraie validation des acquis devrait d'abord résider dans la reconnaissance salariale du professionnalisme accumulé ?

Pourquoi après autant d'années de certification qualité, nos voitures sont-elles encore relativement peu fiables ?

Comment se préparer à être DRH ?

La réponse à cette question en appelle une autre : quelles facultés doit-on développer si l'on souhaite exécuter ce métier en bon professionnel ?

Parlons d'abord des qualités intellectuelles :

La capacité à «dire le droit» me semble un incontournable, compte tenu de l'environnement juridique très important qui entoure cette fonction. A tout bout de champ on vous sollicitera, en effet, sur l'obligation dans laquelle se trouve l'entreprise d'avoir à appliquer, ou non, la réglementation et dans quelle limite. Une formation juridique consistante me semble constituer un socle incontournable, sauf à passer votre vie au téléphone au contact d'un SOS juridique quelconque ou d'un cabinet d'avocats.

La capacité à discerner la psychologie de vos interlocuteurs et la sociologie de l'environnement me semblent être un second étage aussi important que le premier. Que vous soyez en phase de recrutement, de conseil ou de négociation, vous aurez besoin d'un minimum de grilles de lecture pour comprendre la situation, ou aider votre direction à déchiffrer le contexte. En conclusion, une discipline basique et structurante comme le droit, plus une formation en sciences humaines, psychologie ou sociologie, sont les capacités de base de ce métier. J'y ajouterai le sens de l'action, et beaucoup de créativité et d'imagination, qualités qu'on croit souvent, à tort, réservées à d'autres fonctions.

A propos des qualités professionnelles :

Un master spécialisé RH vous permettra de vous situer rapidement dans la fonction, mais ce qu'il faut retenir, c'est que ce métier s'apprend essentiellement sur le tas. Il me paraît donc tout aussi important que l'homme des RH ait, avant d'embrasser un poste RH, expérimenté sa capacité à agir dans un contexte opérationnel, possédant, de préférence, une dimension managériale. C'est à cette condition que le DRH pensera sa mission comme celle d'un soutien aux opérationnels et non, comme une raison d'être « en soi », péché mortel de beaucoup de RH et de leurs collègues fonctionnels. C'est à cette condition qu'il ne sera plus tenté d'imposer aux opérationnels des systèmes et des « machins » dont il est si fier, mais qui prélèvent un temps précieux à ceux qui travaillent au cœur de l'activité et qui s'exécutent,   pour faire plaisir aux RH. Le souci de pragmatisme qui doit inspirer les RH est à ce prix et non d'alimenter une machine bureaucratique ou technocratique. Aucune école, à mon sens, ne peut vous faire faire l'économie de l'apprentissage, au jour le jour, de ce métier, où le sens de la situation est primordial. J'y ajouterai un vrai talent de négociateur et une aptitude certaine à communiquer. Vous n'aurez peut-être pas l'occasion d'occuper un poste en communication interne. Alors, inscrivez vous à une formation courte. Savoir envisager la dimension info/com dans sa globalité et savoir être percutant et structuré dans sa propre communication est un incontournable.

Les qualités humaines enfin, sont indispensables, voire primordiales.

Le métier de DRH n'est pas, loin s'en faut, un métier de technicien de la chose humaine ! Il y faut de l'écoute bien sûr, mais il y a de nombreuses autres qualités qu'on ne cite jamais et qui sont tout autant importantes : grand sens de la justice, rigueur, compassion, exemplarité, positivité, humour, courage..

Le DRH, face à la bureaucratie

Une bureaucratie est, d'une part, une forme d'organisation du travail et, d'autre part, une dérive de cette organisation. Roger Mucchielli définit la bureaucratie comme : «*Une puissance ou un pouvoir pris par un appareil administratif de fonctionnaires des bureau, primitivement chargé d'organiser l'activité sociale, et finissant par s'attribuer toute l'autorité*». Le besoin de « mesurer encore plus fin », l'énorme accroissement des outils à disposition des bureaucrates via l'informatique, la mode anglo-saxonne du reporting, n'a-t-elle pas encore accru le pouvoir des bureaucrates aux dépens des producteurs ?

C'est un étrange paradoxe que cet accroissement du pouvoir bureaucratique

Les services fonctionnels, grands pourvoyeurs de bureaucrates, devraient, en théorie, travailler à leur disparition, en rendant les producteurs maîtres complets de leur activité, y compris dans sa dimension administrative et ils n'ont de cesse de les paralyser de mille liens ! Dans toutes les entreprises d'une certaine taille, les services fonctionnels, normalisateurs par nature, les directions administratives, comptables et financières en particulier, sont au cœur du système bureaucratique. Ils se justifient de manière péremptoire, en brandissant un impératif surestimé de cohérence et surtout, la menace des contrôles vengeurs de l'expert comptable, du commissaire aux comptes ou de quelque administration ou corps d'inspection rattaché à la collectivité d'appartenance ou à l'Etat. Il existe encore nombre de directions des Ressources humaines où l'on considère comme impossible de confier aux opérationnels la signature des contrats de travail et celle du moindre avertissement. L'arrivée des procédures qualité a donné, s'il en était besoin, une vigueur nouvelle à la bureaucratie et finira par décourager les meilleures bonnes volontés ! La qualité du travail, en l'occurrence, se trouve plus dans l'apprentissage d'un vrai professionnalisme que dans les registres détaillés de milliers d'instructions.

Mais le tropisme bureaucratique français, dont parle Hervé Seyriex, a trouvé là une occasion trop belle de trouver une vigueur nouvelle

Plus grave, ce nouveau formalisme tâtillon risque d'interrompre la boucle vertueuse de l'innovation permanente : quel salarié, quel cadre, ayant repéré une amélioration à apporter ne serait pas découragé en imaginant le nombre de procédures et documents qui sera à modifier s'il essaye d'introduire sa modification ? Les Français ont même réussi à exporter à Bruxelles leur amour de la bureaucratie alors qu'ils croient à l'inverse ! Pour m'être occupé de dossiers européens, j'ai compris qu'il fallait une sacrée foi dans l'Europe pour mener à bien quelque étude que ce soit, tellement sa bureaucratie est décourageante ! Autre paradoxe, en France, les gens des bureaux sont souvent mieux rémunérés que ceux qui produisent, souvent sur la seule justification de la possession d'un diplôme supérieur

La tradition culturelle est évidente : héritier du droit romain, celui qui maîtrise l'écrit, vaut plus que celui qui n'écrit pas.

L'environnement de l'entreprise lui même n'est-il pas devenu encore plus bureaucratique ? Dans la seule DRH où je travaillais, j'ai vu, au fil des années, s'accroître le nombre d'enquêtes obligatoires à fournir régulièrement et de manière impérative, aux services de l'Etat, au point d'avoir un salarié qui n'était quasiment occupé qu'à çà !

Foin des traditions et des accusations, c'est toute la société française qui vit avec la bureaucratie

Elle vit avec elle et la subit à un point tel qu'elle ne s'en rend même plus compte ! Elle vit avec comme les soviétiques avaient fini par trouver normal de faire la queue devant les magasins ! Le groupe de travail européen avec lequel j'ai eu le plaisir de mener une étude comparative sur les difficultés de la mobilité salariale dans 4 pays de la Communauté, a clairement désigné la bureaucratie française comme un obstacle majeur de l'adaptation des salariés étrangers à la société française. Facteur aggravant, la bureaucratie se nourrit de toutes les activités de réglementation, législation, planification, normalisation, « juridicisation », mesures et contrôles de toutes sortes, dont l'inflation a été exponentielle

La bureaucratie, c'est la deuxième peau des organisations françaises, son veau d'or

Inconnue dans l'entreprise en phase pionnière, elle infiltre peu à peu, comme une cinquième colonne, tous les rouages de l'Entreprise. Un minimum de formalisme est bien entendu incontournable dès que l'entreprise atteint une certaine dimension. Ce qui est en cause est tout ce qu'elle contient d'opacité et d'inutilité. Mais le crime de bureaucratie profite à beaucoup de monde : il est le symbole du pouvoir. Il puise ses impuissances dans l'héritage insurmontable de nos apprentissages scolaires et universitaires, dont la qualité se mesure au poids et à l'épaisseur des thèses, quand ce n'est pas à leur caractère abscons ! Mais son principal défaut est souvent la dilution des responsabilités qu'elle permet et l'obstacle entêtant qu'elle constitue quand il s'agit de passer à l'acte.

Or, nous croyons que l'écrit est plus souvent l'ennemi de l'action que son serviteur.

Je ne peux m'empêcher d'observer qu'il y a corrélation entre les contraintes de l'action et la floraison bureaucratique. Là où la contrainte de l'action et du résultat est forte, elle arrive plus facilement à repousser la tentation bureaucratique. Là où elle est faible, la bureaucratie fleurit comme primevères au printemps et s'y épanouit avec jouissance. De toutes les entreprises où j'ai travaillé, ce n'est pas un hasard si c'est dans l'entreprise US que j'ai le moins subi le pouvoir des bureaucrates. C'est aussi celle où le sens de l'action était le plus fort ! Les patrons entrepreneurs, souvent de formation non supérieure, et qui écrivent peu, mais agissent beaucoup, en sont le contre exemple frappant. Les entreprises soumises à de fortes contraintes d'action et de réaction, Industrie, Transports, par exemple, et dont le patron, technicien de formation, n'est pas un lettré, essayent de contenir l'impérialisme bureaucratique .

Le monde de la grande distribution n'aime pas beaucoup non plus « la littérature d'entreprise », non plus que celui des PME. Certaines banques et assurances, les coopératives, les mutuelles, les associations sacrifient allègrement à la bureaucratie. La nature de leur fonctionnement, prudent, centralisé, soucieux de se préserver du battement d'ailes de la moindre mouche, des humeurs de leur environnement, les conduit à une extrême prudence et donc à nourrir une forte bureaucratie. Les administrations et entreprises publiques, les collectivités territoriales sont, sans surprise, le paradis de la bureaucratie.

Conclusion : la bureaucratie se nourrit du manque de confiance de quelques uns pour le plus grand nombre ! Le bureaucrate croit qu'il n'est rien possible de faire sans tout écrire, tout vérifier, tout contrôler, et donc tout compliquer à l'extrême. Il est aveugle de l'irresponsabilité et de l'inefficacité qui en est le résultat. Il est coupable de couper court à toute initiative et donc à toute possibilité de création et d'invention. Optimiser les coûts de main d'œuvre consiste d'abord à réduire sûrement les tonnes de formulaires, questionnaires, reporting, contrôles de gestion, enquêtes, audits, procédures qui submergent les organes dirigeants et dont la valeur ajoutée reste à prouver ! Aller sur le terrain en apprendrait beaucoup plus aux dirigeants sur la réalité de leur entreprise que consulter les milliers de chiffres qui leur parviennent tous les jours et qui ne servent, souvent, qu'à alimenter leur indécision. Redonner le goût de l'action à ses managers consisterait d'abord à réduire considérablement le poids des contraintes bureaucratiques dont on les assomme et qui les tient enchaînés à leur bureau, quand leur utilité est de se trouver sur le terrain, partout où il y a des idées nouvelles à quêter !

Mais comment faire ?

Il suffit que le patron de l'entreprise déclare qu'aucun rapport dépassant une page ne sera lu et que seuls les travaux de reporting, dont l'utilité ne serait pas devenue incontournable 1 an après leur disparition, seront maintenus !

- Préserver l'initiative et la responsabilité consisterait d'abord à donner aux responsables opérationnels les moyens d'assumer leur mission, sans se croire obligés de les doubler d'un lourd dispositif de contrôle (les directions fonctionnelles) à la solde du pouvoir central !

- Créer un poste de « vulgarisateur » de l'information dans l'Entreprise, chargé à la fois de combattre l'ogre bureaucratique et de mettre en forme intelligible les formulaires et procédures indispensables, constituerait à coup sûr un vrai progrès.

Des patrons se demandent souvent comment optimiser leur organisation. Ils pensent souvent à tout, sauf à réduire le poids de leur propre bureaucratie. Les efforts de productivité et de rationalisation fournis par les entreprises sur les postes de production, ont, jusqu'ici, fort peu touché le domaine administratif laissant une mine d'économies à réaliser. Surtout, la manœuvre managériale exige de la souplesse et les entreprises n'en ont jamais eu autant besoin. Dé-corseter les entreprises des cols empesés de leur bureaucratie leur redonnerait la souplesse dont ont besoin tous les défricheurs de l'entreprise, dont l'idée nouvelle se noie dans le formalisme ambiant.

L'entreprise a un urgent besoin de dégager des terres vierges pour ses intra preneurs, faute de quoi elle épuisera leur énergie et s'étonnera qu'ils aillent s'investir sur d'autres terrains d'aventure : ceux du temps libre et des loisirs personnels, dont ils sont les maîtres.

Fondamentalement, Le problème de la bureaucratie pose clairement celui de la conception de la société et du pouvoir, il est d'abord dans nos têtes !

Il y a ceux qui croient que la création de richesses, l'action efficace, obligent à laisser le maximum le liberté aux entrepreneurs, aux salariés, et ceux qui pensent qu'il faut encadrer la liberté pour en limiter les excès, que ce soit celle des entrepreneurs ou celle des salariés. Les uns et les autres ont raison. Les limites, qu'ils posent, mal, au moyen d'y parvenir, est la source de leur déraison. Trop de liberté ici, trop de réglementation là.

L'action du DRH

N'ajoutez pas, par vos notes et circulaires, à l'énorme arsenal bureaucratique, écrivez peu ! Ne soyez pas vous même le petit propagandiste de l'économie administrée! Laissez des marges de manoeuvre, ne vous croyez pas obligé de tout régler. Faites, enfin, confiance à l'encadrement comme aux salariés : on a souvent l'impression que dès qu'ils ont franchi le seuil de l'entreprise, ces personnes qui bâtissent des maisons, font des enfants, votent, sont engagés socialement, redeviennent subitement des enfants et en tout cas, sont traités comme tels !

Les priorités du DRH

Réglons tout de suite un point : les priorités du DRH sont rarement les priorités du DRH. N'a-t-on pas décidé de mettre en route un bon projet classique, du genre Gpec ou nouvelle grille de classification, que le « patron » vous demande d'étudier, séance tenante, un allègement des effectifs, le rachat d'une entreprise ou la fusion de deux directions. Et encore, c'est compter sans les partenaires sociaux et les aléas de la négociation sociale. Mais ceci n'excuse pas tout à fait la difficulté à entrer dans le stratégique. Car la priorité pour un cadre dirigeant comme l'est le DRH, c'est ce qui est stratégique pour l'avenir de l'entreprise.

Mais justement, c'est quoi le stratégique ?

Le stratégique des entreprises est souvent contingent des évènements qui ponctuent la vie de l'entreprise comme de ce que chacun considère comme stratégique. Les représentants des grandes fonctions : commercial, marketing, production, achats, qualité, finances, ont tous une définition du stratégique qui, par hasard, recouvre exactement les missions de leur fonction. Les modes managériales « appuient » opportunément le « stratégique » de tel ou tel. C'est ainsi que la qualité a bénéficié récemment d'une bonne prime au stratégique. Le « métier » vous guide parfois vers ce qu'il faut considérer comme stratégique. C'est ainsi que j'ai lu récemment que la priorité des DRH consistait à retenir les talents. Mais, il n'y a pas si longtemps, le développement durable ou la RSA (responsabilité sociale de l'entreprise) faisait les choux gras des conventions RH. La stratégie d'entreprise consiste à faire des choix d'allocations de ressources en fonction de ce qui est censé assurer le meilleur développement possible à l'entreprise. Selon cette définition, à quoi les DRH devraient-ils se consacrer prioritairement, au-delà du règlement des priorités ponctuelles du DG ?

S'éclater au travail et s'accomplir

Depuis quelques années, je n'arrive pas à m'enlever de la tête que le stratégique du DRH consiste à faire en sorte que le personnel de l'entreprise soit placé dans les conditions qui permettront, à la fois, de le « faire s'éclater » au travail et, par effet induit, de mobiliser toutes ses potentialités au profit de son entreprise. Ce grand dessein, fort ambitieux, devrait constituer le fil rouge de la vie de DRH dans une entreprise donnée. Concrètement, il consiste à traiter le salarié comme un client, depuis son arrivée jusqu'à son départ de l'entreprise.

« Comme un client » signifie qu'on va viser en permanence sa satisfaction. Mais pour que ce ne soit pas un jeu de dupes, la sélection devra être drastique et les fautes professionnelles, jugées avec la sévérité qui convient. En résumé, cette politique axée sur le stratégique RH pourrait tenir en une formule : « *je fais le maximum pour que tu sois heureux dans notre entreprise* ». En retour, tu fais le maximum pour ton entreprise, sachant que ce maximum ne te coûte pas puisque j'ai pris soin de te donner un travail qui correspond à tes capacités, à tes talents, mais surtout à l'activité ou au travail qui correspond le plus à ce que « tu aimes faire ».

Comment gérer le fait du prince ?

Le fait du Prince, désigne un acte arbitraire du gouvernement. Récemment, la ministre de l'intérieur a suspendu le responsable de la coordination de la sécurité en Corse, au motif qu'il aurait laissé des nationalistes corses envahir la propriété d'un ami du président, Christian Clavier. La rumeur suspecte que cette décision ait été prise du seul fait du lien d'amitié liant l'artiste au président. C'est l'occasion de parler du fait du prince, au quotidien, dans les entreprises. En entreprise, il faudrait considérer comme fait du prince, tout acte managérial dicté plus par des considérations personnelles que par des considérations professionnelles. Le Prince, c'est le détenteur du pouvoir suprême, le grade plus élevé dans la hiérarchie, sur le site.

Les manifestations du fait du prince sont, hélas, nombreuses, en entreprise.

C'est le passe droit à l'embauche ou à un stage, accordé à un proche ou à l'enfant d'un ami, d'une relation. C'est une augmentation de salaire qui ne correspond à aucune performance objective. C'est une sanction non proportionnelle à la gravité de l'acte mais aggravée du fait de la personnalité de son titulaire. C'est au contraire l'absence de sanction, pour les mêmes raisons. C'est une embauche ou un licenciement cédant à l'émotion plus qu'à la raison. On les rencontre plus souvent, il est vrai, dans des petites structures où l'affectivité règne en maître et où le pouvoir ne fait face à aucun contre pouvoir. Oui, les princes qui nous gouvernent ne sont que des hommes.

Face à cette vérité éternelle, le DRH doit, devrait, adopter l'attitude suivante :

- Prendre son courage à deux mains.

- Plaider la voie de la raison

- Argumenter sur le caractère fâcheux et incohérent d'une décision qui va à l'encontre d'une procédure ou d'une politique.

- Proposer une alternative qui ait des conséquences moins lourdes.

- Affirmer que le management « est global » et qu'il n'y a pas de petite décision, que chaque acte posé par la direction, est observé par tous et a des conséquences auprès du personnel sur la manière dont il est géré et dont se comporte le « chef ».

- Faire ce que vous pouvez....

Le couple pression/sécurité

Les choses simples sont souvent les plus évidentes. En management, comme en rémunération, le vieux couple pression/sécurité (le couple carotte/bâton, pour le vulgaire), sont des vérités de base.

Prenons le cas du management :

Imaginons un contexte où l'autorité est défaillante, où les acteurs savent que leurs écarts resteront impunis, où il n'y a ni incitation ni obligation à faire. Dans un tel contexte, le résultat, la production des intéressés risque beaucoup d'être faible. Parce que la nature humaine est ainsi faite, qu'obligée à rien, elle ne s'oblige à rien ! Dans nos entreprises et nos organisations, dans nos propres familles, l'exemple nous est donnée, tous les jours, de la cruelle vérité de ce constat. Un monde où l'homme fera spontanément ce qu'il faut faire, reste à inventer. A l'inverse, si je replace les acteurs dans un système contraignant, ils feront ce qu'il y a à faire. Mais il y a de fortes chances pour qu'ils se limitent à l'obligation de faire, sans essayer d'y apporter la moindre amélioration. Pire, l'hypocrisie et la dissimulation sont souvent au rendez vous de ce type d'organisation. Quand il s'agit de survivre, en proximité avec un pouvoir contraignant, l'imagination humaine est sans limite. Les bassesses aussi, hélas. Or, nos entreprises ont besoin de l'intelligence collective. Certains ouvriers japonais apportent jusqu'à 10 à 20 suggestions de progrès par an. Elles sont bien évidemment payées et le système managérial maintient un contexte propice.

Prenons le cas de la rémunération :

Une rémunération fixe, quelle que soit la qualité et la quantité des travaux effectuée, et qui ne fluctue à la hausse que par l'effet du vieillissement ou de la fidélité à une entreprise, n'est pas optimale. Sauf exception, il y a de fortes chance pour que ses bénéficiaires s'endorment un peu dans leur tâches, puisque nécessité ne faisant plus loi, la tendance naturelle pousse chacun à se cantonner à l'ordinaire, à la routine, à l'habitude. A l'inverse, une rémunération 100% variable, n'est pas non plus optimale. Elle ne l'est pas parce qu'elle présente des effets pervers :

- l'énergie sollicitée s'émousse avec le temps (on ne peut être à 100% tout le temps)

- Le stress augmente la nervosité et donc l'agressivité entre collègues.

- Le salaire variable induit un management par le stress ne se vit pas pour tous de la même façon : pour certains, il confine à du harcèlement, pour d'autres, c'est une montagne à gravir tous les matins qui peut pousser à la dépression voire au suicide. Pour d'autres encore, le goût de la compétition a quelque chose d'excitant.

- Les objectifs qui la conditionnent peuvent mettre au second plan les efforts à produire sur les missions permanentes du poste.

L'action du DRH

Trop de sécurité endort les énergies. Trop de pression épuise les énergies. La formule consiste probablement à faire un mix des deux. Les suédois, il y a quelques années, ont fait des études sur le salaire au rendement. Ils en ont conclu qu'une rémunération calée sur une part de variable égale à 30% du salaire total était la proportion optimale. Alors, qu'attendez vous ?

Le SWOT du DRH

Tous les étudiants en école de commerce, tous les consultants, connaissent et pratiquent le SWOT. Ce n'est pas une danse, c'est un trèfle à quatre feuilles qui, en mettant en parallèle, d'un côté les forces et faiblesses de l'entreprise, et de l'autre, les opportunités et menaces de l'environnement, permet au dirigeant d'orienter sa stratégie. Et si l'on faisait le Swot du DRH ?

Quelles seraient ses forces ?

- Occuper une place de conseiller privilégié du patron.

- Savoir négocier.

- Être au carrefour des hommes et de l'organisation.

- Incarner une partie de l'Autorité.

- Pouvoir orienter, par ses conseils, certains choix de gestion ou d'organisation.

- Surtout, pouvoir colorer différemment, par sa personnalité et ses micro-décisions, la vie quotidienne des salariés au travail.

Et ses faiblesses ?

- La difficulté à « exister » à côté du patron.

- La place que lui laissent les opérationnels.

- Souvent, son inexpérience opérationnelle

- Beaucoup trop de temps sacrifié à l'administratif, à l'institutionnel, aux relations sociales, au juridique.

- Souvent, son manque d'imagination et de vision stratégique.

- L'amour de la bureaucratie et de la théorie.

Mais, la fonction RH pourrait profiter d'opportunités

- Les exigences des « nouveaux » salariés.

- L'obligation d'inventer pour répondre aux nouvelles contraintes économiques et augmenter la profitabilité comme la motivation.

- La multi-culturalité des populations salariées.

- Une approche plus opérationnelle des problèmes, via l'arrivée des anglo-saxons au capital des entreprises latines, y compris les PME.

Les menaces, se feront, néanmoins, de plus en plus prégnantes pour la fonction RH

- Le coût des DRH poussera à externaliser tout ce qui peut l'être.

- La difficulté à prouver la valeur ajoutée de la DRH, poussera à donner aux opérationnels l'essentiel de la maîtrise de la fonction RH.

- L'effet de centralisation des données RH (SIRH) risque d'accentuer la centralisation des initiatives RH, au profit des RH des sièges sociaux et aux dépens des « locaux » réduits à l'état d'exécutants.

L'action du DRH

Amusez vous à faire votre Swot personnel dans l'entreprise où vous travaillez. Je suis sûr que vous ne manquerez pas de faire des constats éclairants. Mieux, faites le Swot de la DRH, avec votre équipe RH et faites en une présentation en comité de direction. C'est un bon moyen de susciter des prises de conscience sur le rôle de la fonction RH, en utilisant un outil crédible aux yeux des managers.

SWOT : de l'anglais, Strengths (forces), Weaknesses (faiblesses), Threats (menaces), Opportunities (opportunités)

Du bon usage des primes

En gestion des ressources humaines, une prime est une somme versée à un salarié, distincte de son salaire habituel. Elle présente donc un caractère relativement exceptionnel, même si sa périodicité peut être annuelle. Elle vient en supplément du salaire habituel et a souvent pour objet de récompenser le salarié pour avoir accompli une performance jugée satisfaisante ou pour compenser une difficulté particulière des fonctions dévolues à ce salarié. Elle peut aussi constituer simplement une rémunération exceptionnelle, prime de fin d'année ou treizième mois.

Face à toute nouvelle demande, La question que doit se poser le DRH consiste à savoir si l'objet de la demande est fondé, puis, si la prime est la réponse adéquate ?

Savoir si la demande est fondée consiste ici à se demander si l'objet pour lequel la prime est réclamée donne lieu à difficulté ou performance particulière. La deuxième question à se poser consiste à savoir si la prime est la bonne réponse salariale. S'il s'agit d'un objet ponctuel, la prime est la réponse adaptée. Par contre, un effet de substitution n'est pas à exclure : parfois, en effet, les DRH et leur direction, faute de volonté ou de marge de manoeuvre en matière de salaire, accordent une prime, comme lot de consolation.Les primes existent par centaines, dans le privé et dans certains statuts de la fonction publique. Et j'ai toujours noté qu'il était très facile et très commode de les créer. Au moins dans le privé :

- Pour sortir d'une grève, en échappant à la répétitivité des augmentations de salaire et aux effets induits de leur inclusion dans l'assiette.

- Pour s'éviter de trop coûteuses améliorations des conditions de travail, ou à titre de compensation, parce que l'on ne peut les améliorer.

- Pour remercier un salarié dont le salaire est déjà au maxi de sa catégorie.

- Pour remercier l'effort exceptionnel d'une équipe.

- Pour compenser une dépense ou une performance individuelle ponctuelles.

Mais attention, souvent, sitôt la prime crée, les ennuis commencent ...

En effet, comment éviter la tentation permanente donnée à ses bénéficiaires potentiels de se la faire attribuer, même quand ses conditions ne sont pas réunies, ou de les détourner : les commerciaux savent tous comment arrondir leur rémunération, en jouant sur leurs notes de frais ou sur toute autre prime ou indemnité. Dans le secteur public, la prime est souvent devenue un droit intangible que personne ne s'avise de contester, même quand ses conditions d'attribution ont disparu depuis longtemps. Le motif qu'elle ne compte pas pour la retraite fait taire les éventuelles réticences.

C'est bien ça le problème avec les primes : une fois crées, passées quelques années, plus personne ne sait vraiment pourquoi elles ont été crées

...et on laisse dériver considérablement l'objet qui avait légitimé leur création. Autre conséquence grave, les primes ou indemnités diverses faussent complètement la hiérarchie des rémunérations, qui devrait être fondée sur la qualification et la performance, comme chacun sait, beaucoup plus que sur les » circonstances » de tenue de l'emploi.

L'action du DRH

Veillez à toujours rappeler le fondement de la prime, l'esprit ou le sens qui a présidé à sa création. La plupart des abus naissent du non respect de ce qui a « causé » l'attribution de la prime. C'est une position forte que vous pouvez et devez tenir. Demandez à l'encadrement, souvent « arrangeant » en ces circonstances, d'être responsable du paiement des primes, en exigeant sa signature au bas de l'imprimé d'attribution.

Le processus action/réaction, en management

Mi-Août 2008, Les troupes russes envahissent l'Ossétie du sud et la Géorgie.Tous les pays de l'OTAN crient au scandale et dénoncent l'odieuse agression de « l'ours » russe. Calme retrouvé, si on avait essayé, comme l'a dit Gorbatchev, de se mettre à la place des Russes, on se serait trouvé dans la position de quelqu'un qui souffrait sérieusement du syndrome de l'encerclement, se surajoutant à la honte d'avoir perdu son statut de superpuissance. L'empire dépecé, les satellites se sont dépêchés d'adhérer à l'OTAN, ou vont y adhérer. Les USA vont installer une base antimissiles à leur porte, en Pologne et possèdent déjà une base en Géorgie. Europe et USA ont tout fait pour reconnaître l'indépendance du Kosovo, malgré les mises en garde de Moscou, annonçant le fâcheux précédent que constituait un tel redécoupage des frontières. L'allumette était prête à s'enflammer, réaction attendue à un tel empilement d'actions.

Dans l'entreprise, de nombreuses actions et comportements de la direction, jugés inadaptés par les salariés, ne sont, en réalité, souvent, que la réaction à leurs propres actions inadéquates. Du côté des salariés, démotivations diverses et variées, absentéisme, j'men-foutisme, ne sont, souvent, en réalité, que des réactions à des actions ou attitudes jugées inadéquates de la direction ou de l'encadrement. Du côté des managers, leur attitude sévère, leur manque de compréhension, de générosité, de pardon, leur autoritarisme, jugés sévèrement par le personnel, ne sont souvent que la conséquence d'abus multipliés constatés de la part de certains personnels et dont tout le monde pâtit, finalement. L'état calamiteux, dans certaines entreprises, des relations sociales, est souvent la réaction à une série de comportements jugés inadéquats de la part du patron, pour les uns, des syndicats, pour les autres. Et si personne ne veut céder, cela peut continuer très longtemps. La manière dont quelqu'un se comporte est rarement fortuite ou le résultat d'une colère subite. Le comportement jugé « inadéquat » de quelqu'un, d'un syndicat, d'une direction, doit être analysé avec du recul, en se remémorant les raisons que cette personne ou ce groupe, avait d'agir comme elle, comme il, l'a fait. Et il faut parfois remonter assez loin dans le temps. Car peu de choses vieillissent aussi bien qu'une injustice, un mot injurieux, un manque de reconnaissance, une honte bue en public.

il faut se garder des victoires trop faciles, des positions temporairement avantageuses, de « pousser le bouchon trop loin », comme l'on dit. La tentation de vouloir pousser trop son avantage tente les Etats, comme les directions. Il ne faut pas y céder. Car demain, « nous » devrons encore travailler et vivre ensemble. Car demain, ce sera le fort d'aujourd'hui qui sera en position de quémander la compréhension et l'indulgence du faible devenu fort. Nous devons agir en sorte que les plateaux de la balance demeurent équilibrés le plus possible. Il faut se souvenir en permanence que dès que quelqu'un rompt cet équilibre, la drôle de guerre commence.

Un DRH, peut-il désobéir ?

Cette question est d'une naïveté confondante. Elle pourrait avoir été posée par un enfant. La réponse sera de la même tonalité. Et puis, la vérité ne sort-elle pas de la bouche des enfants ? Bien sûr que non, un DRH ne peut pas désobéir ! Il ne manquerait plus que ça ! C'est comme si vous vous demandiez si un juge peux violer la loi, un gendarme, piquer dans la caisse, un policier de la route, rouler en excès de vitesse. Car, le DRH est le représentant de l'ordre dans l'entreprise. Par ses notes de service et les accords qu'il contribue à faire signer aux partenaires sociaux, il ajoute lui-même à l'arsenal juridique du code du travail et de la jurisprudence. Proche de la direction, il est souvent amené à être le porte parole du patron, et donc, des positions du patron. Nos amis nord américains disent même que le HRD est chargé de renforcer «*The employer/employee brand*», de manière à faire flotter aussi haut que possible, le drapeau de l'entreprise. Donc, selon cette conception, un bon DRH se doit d'être en alignement complet avec toutes les positions qu'a prises, prend ou prendra son directeur. Il suffit qu'il passe prendre ses ordres tous les matins, ou bien, mieux encore, qu'il soit télépathiquement en phase avec les pensées de son patron. D'accord, mais alors il n'est pas libre ? Si ! Il est libre de se comporter selon le manuel de l'entreprise. Sinon, il ne fallait pas qu'il s'engage dans ce métier et dans cette entreprise. « *D'accord, mais moi, j'avais une autre idée du métier de DRH* » est-il tenté de dire. « *J'avais même une autre idée de la vie tout court. Je croyais qu'un homme reste libre, tout le temps, de dire ce qu'il pense, à défaut de faire tout ce qu'il aurait voulu faire.* » Mais alors, il risque de se trouver dans une position délicate si on lui demande de licencier quelqu'un sans raison ? Mais alors, il risque d'être obligé de faire des choses qu'en sa conscience, il condamne ? Oui, il risque et même cela lui arrivera souvent. Parce que l'économie est aveugle à ces considérations. Est-ce qu'au moins, il pourrait adopter une position médiane, genre mi chèvre, mi choux ? Est-ce qu'il pourrait proposer d'autres solutions que celle qui semble inévitable ? Oui, il pourra et même, c'est ce qu'il fera le plus souvent, mais seulement s'il est courageux. Car la plupart du temps, il laissera les choses aller et n'osera pas affronter le pouvoir en face. Ainsi va la vie d'un DRH, naviguant difficilement entre une posture d'exécuteur des consignes de la direction et une posture de conseiller/ résistant.

L'action du DRH

Ce commentaire trouvera écho en fonction du bois dont vous êtes fait. Le DRH, c'est, ce devrait être, l'homme de l'équilibre, du raisonnable, du juste et du sage, du vrai. Votre « résistance », d'ailleurs, peut changer de sens, selon l'organisation où vous travaillez : en faveur de l'intérêt général, si vous êtes dans la sphère étatique ; en faveur des salariés si vous êtes dans une entreprise ultra capitaliste. Si ces arguments ne vous convainquaient pas, rappelez vous, avant de vous endormir ce soir, que la vie est trop courte, pour accepter de la gâcher en acceptant d'obéir, toujours, tout le temps, à tout et à tout le monde !

Conseils à donner à votre patron dans le domaine de l'hygiène/ sécurité/ conditions de travail

Cette préoccupation, légère dans les bureaux (quoique) est une préoccupation lourde dans les usines. Et le DRH ne peut pas ne pas se sentir concerné. Par ailleurs, les conditions physiques et psychologiques de travail ont un impact direct sur la productivité et la satisfaction. La loi impose un arsenal énorme de règlementations, l'exigence d'un CHSCT. L'inspection du travail, souvent aiguillonnée par les représentants du personnel, est toujours sensible à leurs alertes.

La question est : comment agir efficacement dans le domaine de l'hygiène et de la sécurité ?

Mon avis est que la manière dont cette préoccupation est plus ou moins bien prise en charge situe le niveau de professionnalisme et de maturité managériale de l'entreprise. Dans les entreprises les plus efficaces et les mieux managées, la sécurité n'est pas une chose à part, elle fait partie du processus normal de travail et s'inscrit dans les comportements habituels de tous. La direction et l'encadrement montrent l'exemple en permanence. A côté, trop d'entreprises se contentent d'honorer leurs obligations légales et se perdent dans les comptes-rendus interminables de leurs CHSCT. Dans beaucoup d'entreprises industrielles, ne disposant pas du bras armé que constitue un service sécurité, voire un simple technicien sécurité, et se dispensant de montrer l'exemple, il ne se passe rien ou pas grand chose ! Concrètement, si vous disposez d'un service sécurité et santé au travail (SST) qui fonctionne bien, ainsi qu'un management ne faisant aucune concession aux manquements et négligences touchant la sécurité, votre niveau de sécurité sera tout à fait satisfaisant. Si, en plus, la personne présidant le CHSCT, possède des qualités d'animateur le mettant en mesure de faire travailler le CHSCT comme le prévoit la loi, alors, votre entreprise disposera d'une politique sécurité partagée, dans laquelle tout le monde se sentira partie prenante, managers et représentants du personnel.

Les conditions du travail sont également un domaine où on peut facilement faire participer le personnel.

Les équipes de recherche en amélioration des conditions de travail (ERACT) animées par l'agent de maîtrise du secteur et disposant d'un budget propre, sont un outil formidable pour faire régler par le personnel lui-même les problèmes de sécurité/ conditions de travail. Les concours sécurité sont aussi un très bon moyen de susciter de l'intérêt autour des questions de sécurité. La sécurité est l'un des rares domaines où le consensus social peut s'établir. A l'inverse, si derrière les grands discours, le dirigeant est impuissant à conduire une politique sécurité efficace, il se trouvera en confrontation sévère avec les syndicats. Sans compter avec l'impact négatif toujours très fort que prend pour l'environnement, un accident du travail mortel ou grave. Sans compter avec les condamnations du juge.

Conclusion : la préoccupation sécurité / conditions de travail est large et permanente. Elle s'étend de la conception des bâtiments ou de leur réfection, au souci de ménager de bonnes conditions d'accueil et de restauration aux salariés des entreprises sous traitantes. Elle s'étend de l'analyse objective des cas de harcèlement, aux conditions faites aux personnels handicapés. Est-il besoin de rappeler que le Manager est une personne qui est responsable de l'intégrité physique et mentale de ses salariés, autant que de l'ordonnancement de leurs tâches ?

L'action du DRH

1 – Votre rôle de DRH consiste à faire prendre conscience à votre patron de l'importance de prendre les moyens de ses engagements, afin que la préoccupation sécurité ne reste pas un vain mot et dépasse le stade administratif et celui des réunions où on la cantonne trop souvent.

2 – Le système le plus efficace comprend les actions suivantes :

- Se doter d'un technicien sécurité

- Lui donner les moyens (budget) d'intervenir rapidement pour résoudre les problèmes urgents

- Mettre en place des E.R.A.C.T (équipes de recherche en amélioration des conditions de travail) animées par le manager de proximité, dotées d'un budget dédié, hiérarchisant les améliorations à apporter après audit de situation

3 – Animer le CHSCT en utilisant toutes les ressources que vous donne le droit du travail

La hiérarchie des salaires dans l'entreprise

S'il est un domaine dans lequel le DRH doit jouer un rôle clé, c'est bien celui des salaires. Son rôle ne peut se réduire, comme on le constate souvent, à constater des écarts au travers de constats statistiques. Le DRH se doit, en la matière, d'être pro-actif.

La hiérarchie des rémunérations doit refléter la contribution relative des emplois et des individus au succès de l'entreprise

1 - Contribution relative des emplois : cette question consiste à s'interroger en comité de direction pour savoir quel classement adopter qui tienne le mieux compte de la contribution relative des emplois. Une chose m'a souvent frappé à ce sujet : les gens de terrain : commerciaux et opérationnels, sont souvent moins bien traités que les gens du siège et les diplômés fonctionnels sont souvent mieux payés que les diplômés opérationnels. Cette constatation en entraîne une autre : la hiérarchie des salaires est le reflet de la hiérarchie des valeurs dans la société française :

- Ceux qui sont près du pouvoir sont mieux traités que ceux qui en sont éloignés.

- Les « intellectuels » sont mieux considérés que les personnels de terrain.

Cet état de chose est-il juste ? Non, bien sûr ! Les commerciaux, selon nous, sont meilleurs contributeurs que les administratifs au résultat de l'entreprise. Les opérationnels sont meilleurs contributeurs que les fonctionnels. Donc, logiquement, la hiérarchie des salaires devrait refléter le niveau de contribution relatif de ces catégories en donnant un avantage aux commerciaux et aux opérationnels sur les administratifs et les fonctionnels

2 - Contribution relative des individus : l'adage « *à travail égal, salaire égal* » ne vaut que pour la partie de rémunération qui rémunère la qualification liée à l'emploi : tous les individus occupant de manière normale le même emploi doivent recevoir la même rémunération, quel que soit leur âge ou leur sexe (passée la période de confirmation dans l'emploi, qui doit être supérieure à la période d'essai). Dans les entreprises françaises, on attache trop d'importance à l'ancienneté ; la conséquence en est qu'un individu jeune qui tient l'emploi est généralement beaucoup moins bien payé qu'un salarié âgé tenant le

même emploi. C'est ainsi que souvent les jeunes diplômés d'origine universitaire ont une qualification élevée et un salaire faible alors que ce qui devrait fonder leur salaire de qualification est moins le nombre d'années après le bac que le fait de tenir « normalement » l'emploi. Mais dans le même emploi, il est exceptionnel, en tout cas rarement observé par les managers hiérarchiques (sauf par les syndicats) que deux individus travaillent exactement de la même manière ! En conséquence, le système de rémunération doit veiller à ce qu'une partie de celle-ci soit individualisée pour tenir compte de la *contribution individuelle*. Et celle-ci est souvent très différente selon les individus. La plupart des systèmes de salaire, individualisés ou non, ne tient pas assez compte de ces différences de contribution personnelle ; ce faisant, ils désespèrent les meilleurs !

Le rôle du DRH

1 – Dresser un état de situation en élaborant la grille des salaires réels de l'entreprise par emploi et par individu. Faire un comparatif avec les salaires des entreprises locales et les entreprises comparables de la branche

2 – Présenter au comité de direction et lui demander de prendre position sur le débat de la contribution relative des emplois et de la part qui doit être laissée à la considération de la contribution personnelle.

3 – Rectifier les grilles des salaires théoriques et infléchir graduellement la politique d'augmentation des salaires de manière à rétablir la rétribution des emplois au niveau estimé de leur contribution.

4 – Créer ou renforcer la partie dévolue à la reconnaissance de la contribution personnelle.

5 – Laisser aux managers hiérarchiques le soin de désigner les bénéficiaires de l'enveloppe d'augmentations individuelles qui leur a été attribuée, en leur ayant fourni des éléments de jugement indispensables. Un briefing de l'encadrement avant la campagne d'augmentation est opportun. Dans trop d'entreprises, le patron passe un temps fou à censurer les augmentations fixées par sa hiérarchie leur ôtant responsabilité et crédibilité !

Trois déficiences managériales majeures

Après avoir « usé » sept patrons, dans sept entreprises ou organisations différentes, je suis en mesure de pointer trois caractéristiques qui pénalisent et handicapent le style managérial des managers rencontrés et, probablement, de beaucoup d'autres.

Première déficience : le manque d'enthousiasme

L'enthousiasme, c'est cette force qui vous fait abattre les montagnes et qui en fait un carburant inégalé de l'énergie humaine ; c'est le chevalier Bayard ; c'est la légion à Camerone ; c'est la charge des cuirassiers à Reichshoffen. L'enthousiasme en management, c'est se rappeler Bonaparte au Pont d'Arcole. C'est se rappeler les formidables leaders naturels qu'étaient Marco Polo ou Christophe Colomb. C'est Kennedy annonçant la conquête de la lune. Un chef, on l'oublie souvent, est d'abord un leader. Le leader est le seul chef capable d'embarquer les salariés dans cette formidable aventure qu'est l'entreprise. Au lieu de cela, combien de patrons gestionnaires ou technocrates insipides, ne raisonnant qu'à travers ratios et tableaux de bords ! Pourquoi c'est grave ? Parce qu'en oubliant l'importance de l'affectivité, le manager se prive de l'atout majeur que constitue la mobilisation de ses troupes.

Deuxième déficience : le sens de l'action

La bureaucratie française possède une telle formidable capacité à transformer les souris en montagnes, à confondre consensus et cogestion, à considérer que la réunion est le principal outil du manager, à se ficher du temps comme d'une guigne, à croire que le monde les attend, que nos managers, incapables de lui résister, s'y soumettent. Et c'est ainsi que les salariés mangent au quotidien le plat froid des décisions de la direction et se démobilisent à la hauteur de leur désespérante attente. *«Toutes les batailles perdues se résument en deux mots : Trop tard !* », disait le général US Marc Arthur. Comme il avait, hélas, raison. Pourquoi c'est grave ? Parce que l'économie française n'a plus le temps de prendre son temps face à l'agressivité des pays émergents et que la faible réactivité d'une entreprise bureaucratisée désespère la volonté de faire des salariés.

Troisième déficience constatée : La centralisation du pouvoir

L'entreprise, hélas, s'inscrit culturellement dans la grande tradition jacobine de l'état français. Le siège social est le Paris de l'entreprise : tout en part et tout y retourne. Dans l'établissement, c'est la même chose : le pouvoir fonctionne comme une pompe aspirante : le flux de l'information part de la base, traverse à toute vitesse les échelons intermédiaires, nourrit les calculettes des directeurs fonctionnels, s'y transforme en ratios et tableaux de bord pour être présenté au « grand timonier » qui prend les décisions de tous niveaux qui vont redescendre vers la base, par le même chemin. Ce système n'a pas besoin de gens qualifiés ni de personnes imaginatives, autonomes ou responsables ; il ne requiert que des grands vizirs craignant le maître, en haut, et une multitude d'appliquants de petit niveau ailleurs. Pourquoi c'est grave ? Parce que le contenu des tâches et le niveau des responsabilités n'a pas accompagné l'élévation considérable du niveau scolaire et qu'une telle centralisation n'utilise pas le potentiel du personnel et leur sens des responsabilités. En résumé, gestion de l'intelligence émotionnelle, réactivité et capacité à construire une organisation responsabilisante, devraient figurer impérativement au programme de toutes les écoles de management. Heureusement, les PME échappent, pour la plupart à ces maux. La passion de l'entrepreneur nourrit son enthousiasme, son tempérament et sa fragilité le poussent à agir. Ne lui reste pour défaut que la volonté de décider de tout et, souvent, une affectivité mal maîtrisée.

L'action du DRH

1 – Tenir compte des facteurs de personnalité (coefficient d'intelligence émotionnelle et leadership) dans le recrutement et la promotion des managers et des dirigeants au moins autant que de leurs expérience et diplôme.

2 – Pousser à débureaucratiser au maximum l'organisation, réduire de manière drastique le nombre des réunions et celui des participants, élaborer les procédures RH les plus légères possibles.

3 – Pousser à adopter une organisation responsabilisante : de petites unités, autonomes, organisées en centres de profit, dirigées par un vrai patron, sanctionné au résultat et disposant des moyens de contrôler et d'améliorer sa performance : contrôleur de gestion et RRH, directement rattachés.

En finir avec les présentations obscures et ennuyeuses

C'est une faiblesse que je constate très souvent. Cette faiblesse atteint aussi bien la rédaction des mémoires des étudiants et des stagiaires que la présentation que peuvent effectuer les cadres en comité de direction. La même faiblesse peut atteindre les DRH quand ils interviennent en réunion. Cette faiblesse tient à une présentation calamiteuse de leurs rapports ou de leurs interventions

La médiocrité de ces présentations n'est pas le fait du hasard.

Elle est le résultat d'une approche académique des problèmes, d'origine universitaire. Elle est aussi le résultat d'une incapacité intellectuelle à synthétiser. Elle est également le reflet d'une approche française qui consiste à traiter les problèmes de manière professorale qui ne permet pas de hiérarchiser l'essentiel et l'accessoire. Elle est surtout la conséquence d'une approche théorique et excessivement conceptuelle des choses. Cette faiblesse a pour résultat que les auditeurs ont de la peine à structurer leur propos, à discerner clairement le contexte du dossier, la problématique, les éléments de solution, le choix de la solution et les moyens de sa mise en œuvre. La présentation de la problématique est toujours la partie la moins maîtrisée par l'intervenant : quel est le problème ? Et il arrive même souvent qu'on se demande à quoi veut bien nous amener l'orateur ...Contrairement au travail universitaire, le travail en entreprise doit conduire à choisir une solution, à discerner les moyens et le coût de sa mise en œuvre, non à faire une thèse !

Deux remarques doivent être faites à ce sujet :

La première tient au fait que la pensée s'éduque et se met en ordre après un long apprentissage intellectuel donné par le fait de suivre des études longues et structurantes. C'est ainsi que l'addition de formations courtes et qualifiantes, si elle confère des savoirs et savoir faire, ne saurait avoir pour effet de remplacer le difficile ahanement de la pensée sur les chemins épineux des cursus longs. Les niveaux de formation ne sont pas additionnables du point de vue de l'apprentissage de la pensée : Bac + 2 + 2 ne peut égaler Bac + 4 en acquisition de savoir et de structuration de la pensée. A l'inverse, BAC + 4 ne peut équivaloir Bac + 2 + 2 en matière d'acquisition de qualifications ou de savoir faire. Mais attention, les BAC + 4 ne se valent pas tous lorsqu'il s'agit d'apprendre à structurer sa pensée : un Bac + 4 en lettres n'équivaut pas, par exemple, à un Bac + 4 en droit, à la logique presque aussi forte que la logique mathématique. La seconde remarque à faire consiste à souligner le fait qu'à ce long apprentissage, il faut adjoindre une méthodologie de traitement des problèmes enseignée en formation continue mais absente des écoles de la République.

Conclusion :

L'organisation des études non suffisamment structurantes doit absolument s'accompagner de l'apprentissage d'une méthodologie de traitement des problèmes. Cette MTP, facilement accessible, donne des résultats très probants auprès de tous les publics. Cette formation doit être complété par une formation à l'expression orale et au maniement des outils de présentation. Les rapports et présentations y gagneraient beaucoup en clarté et en percussion et rendrait enfin intéressantes et efficaces les réunions de travail en entreprise.

L'action du DRH

1 – Bien discerner la nature des études effectuées et leur séquencement dans la consolidation du capital compétences de l'entreprise.

2- Valoriser plus qu'actuellement l'apport des recrutés d'origine universitaire et diversifier le profil des recrutés (sortir de la bi-culture ingénieurs / écoles de commerce dans le recrutement des cadres)

3 – Organiser de manière massive une formation à la méthodologie de traitement de problème pour tout l'encadrement.

Le DRH et l'organisation

S'il est un domaine où les DRH sont absents, en général, c'est bien celui de l'organisation. Pourtant la relation homme/structure est fondamentale et largement oubliée parl'école des psychologues ou des formateurs qui n'attache d'importance qu'à la psychologie, le niveau de compétence et les inter relations entre les personnes.

Travailler dans une entreprise US m'a fait comprendre l'importance du facteur organisationnel dans le phénomène managérial.

J'ai compris là que l'efficacité était plus le résultat d'un mode d'organisation donné, de l'application fidèle de méthodes et procédures, que de la volonté de telle ou telle personne ou groupe de personnes d'agir ainsi et de « relationner » ainsi. Voulant en savoir plus, j'ai lu attentivement le livre de Henry Mintzberg : «Structure et dynamique des organisations », qui devrait être le livre de chevet de tout futur DRH. L'ayant lu, on comprend mieux l'organisation de l'entreprise où l'on se trouve, après l'avoir caractérisée, selon la typologie de Mintzberg. On peut ainsi agir utilement auprès du DG et lui conseiller ou déconseiller le choix de modes d'organisation à la mode, ou privilégiés par tel ou tel cabinet de consultants.

C'est ainsi que j'ai compris que les organisations « latines » étaient largement des bureaucraties, donnant une part beaucoup trop importante aux services fonctionnels (la technostructure, dont la DRH) par rapport à la ligne hiérarchique. Ce faisant, elles enlèvent beaucoup de pouvoir aux opérationnels et les emprisonnent de mille liens de toute nature : circulaires, normes, tableaux de reporting etc....qui ralentissent fortement le processus décisionnel et l'efficacité de l'action. C'est ainsi que j'ai compris la supériorité de la bureaucratie divisionnelle sur la bureaucratie mécaniste. C'est pourquoi j'ai compris le fonctionnement des bureaucraties professionnelles que sont les universités et les hôpitaux. C'est ainsi que j'ai compris pourquoi la mise en place d'organisations matricielles avait suscité tant d'échecs et de difficultés. C'est ainsi que j'ai compris que l'absence d'ajustement mutuel comme mécanisme de coordination dans les organisations du secteur public empêchait une bonne coordination du travail des agents.

C'est pourquoi j'ai souvent agi

...pour redonner du pouvoir à la ligne hiérarchique et aux opérationnels, prôné une fonction RH rendue aux vrais RH que sont les hiérarchiques, conseillé à mes patrons d'adopter des structures petites, autonomes, organisées en centres de profit. C'est pourquoi j'au été vigilant à éditer des procédures les plus légères possibles afin d'économiser le temps des producteurs et ne pas les « dégoûter » des procédures RH. C'est pourquoi j'ai conseillé de doter chaque centre d'activité, devenu centre de profit, d'un contrôleur de gestion et d'un RRH rattachés au chef de l'unité et non aux directeurs fonctionnels. C'est pourquoi j'ai prôné aussi fortement le « *Small is beautiful* », face à l'entrisme pesant des sièges sociaux. Cette orientation de gestion a pour résultat de redynamiser en profondeur l'entreprise en pratiquant un empowerment réel de la ligne hiérarchique enfin responsabilisée, et donc de pratiquer une sélection drastique des managers. Car chacun sait que les bureaucraties sont de vrais fromages pour les mauvais managers qui arrivent toujours à masquer leur incompétence derrière des processus déresponsabilisants. Cette orientation de gestion a aussi pour résultat de pousser le DRH et les autres directeurs fonctionnels à se concentrer sur leur rôle de soutien aux opérationnels et de conseil de l'exécutif de l'entreprise à travers l'élaboration des politiques.

L'action du DRH

1 – Organiser une présentation des configurations structurelles de Henry Mintzberg auprès du comité de direction.

2 – Dans la foulée, « vendre » à son patron un séminaire de réflexion sur « la qualité de l'organisation actuelle face à ses missions », animé par vous ou un consultant. A défaut, proposer d'autres organigrammes à votre patron. A défaut, l'envoyer à un séminaire de réflexion sur ce thème.

3 – Veiller à orienter son action au quotidien (et ses conseils) dans la direction qui vous semble la plus profitable au type d'organisation qui vous paraît le meilleur (par exemple, élaborer les procédures RH les plus pragmatiques et décentraliser la fonction RH en repensant son rôle de DRH comme soutien)

La vraie négo sociale commence dans le bureau du Patron

A ceux qui m'interrogent pour savoir comment je fais pour négocier avec les syndicats, je réponds que la vraie difficulté commence dans le bureau du patron. De mes expériences de négociateur social, je tire la conclusion que pour mener une négo sociale à terme, il faut travailler sur un double front : celui de l'exécutif de l'entreprise et celui des syndicats

Cela peut paraître étonnant mais la première négo, avec l'exécutif de l'entreprise, est souvent la plus difficile !

Elle est la plus difficile pour deux raisons :

- la première en est que l'exécutif de l'entreprise se soumet à la contrainte la plus forte pour lui : la préservation de sa carrière et de ses intérêts. Et cette contrainte là est exercée par son PDG ou son conseil d'administration, en attente des meilleurs résultats financiers possibles (bien avant le maintien de la paix sociale ou le respect d'une justice de répartition). Ceci n'est pas vrai dans le secteur public, où, à l'inverse, l'exécutif a tendance à faire facilement acte de démagogie : l'Etat actionnaire est sensible aux implications politiques des décisions de l'Etat gestionnaire.

- la seconde raison en est que le DG, qui donne délégation à son DRH pour négocier, échappe aux pressions des négociateurs (même si des arrêts de travail ou des délégations intempestives dans son bureau peuvent survenir de temps à autre). En tout cas il échappe à un espèce de syndrome de Stockholm qui conduit tout négociateur « patronal » ou « syndical » à rechercher naturellement une voie de compromis, à un moment ou à un autre. C'est ce qui explique que les négociateurs patronaux ou syndicaux sont souvent lâchés par une base plus dure, non partie à la négociation. Aussi, je vous conseille fortement, pour mener cette première négo avec votre patron, de vous munir d'un solide argumentaire, apte à vous faire octroyer le droit de négocier le taux d'augmentation en dessous duquel aucun accord ne vous paraît possible

Une deuxième chose doit aussi être négociée avec votre patron : votre marge de manœuvre.

Cette marge de manœuvre est le fondement de votre crédibilité de négociateur ; sinon, très rapidement, vos interlocuteurs se tourneront naturellement vers l'interlocuteur invisible mais réel, qui semble vous dicter ses ordres. Cette marge de manœuvre doit être suffisante pour vous permettre de saisir sur le champ une ouverture imprévue. Et à ce moment là, il ne vous est pas permis de tergiverser ou de demander l'autorisation !

Dans cette première négociation, n'ayez pas peur de proposer plusieurs scénarios, y compris des scénarios novateurs.

L'imagination et la créativité sont les meilleures amis du DRH en situation de négociation sociale (J'ai souvent été frappé du classicisme dont on fait preuve dans le champ de la négociation sociale). Prenez soin de chiffrer soigneusement ces scénarios. Le coût comparé est souvent source de bonnes surprises et peut vous permettre de proposer un scénario rejeté à priori.

L'action du DRH

1 – Penser à élaborer plusieurs scénarios de négociation et chiffrez les.

2 – Pensez à vous doter de statistiques salariales comparatives avec les entreprises du secteur et de la branche ainsi que d'éléments de gestion discutés avec la Direction financière. Au besoin, constituez un groupe de travail rassemblant les DRH de la zone.

4 – Parmi ces scénarios, penser à en introduire un qui soit plus novateur.

5 – Essayez d'obtenir de votre patron une lettre de mission qui fixe les éléments non négociables et vous garantit votre marge de manœuvre ; cette lettre prévoit aussi les modalités de pilotage de la négociation (mode de suivi ou de reporting)

Le coaching des managers hiérarchiques sert-il à quelque chose

Mes collègues DRH, depuis quelque temps déjà, se sont piqués d'un « truc » qui d'appelle le coaching. S'agissant des managers, je l'ai toujours vu pratiquer de la manière suivante. C'est une valse à 6 temps :

- Premier temps :

Un manager n'est pas « top ». Tout le mode se rend compte qu'il n'est pas « super ».

- Deuxième temps :

Mais le garçon est sympathique, on l'aime bien. On ne peut quand même pas le mettre dans l'embarras en le déplaçant à un autre poste où il serait certainement plus à sa place...

- Troisième temps :

On décide de faire appel à un coach. Le coach (invention purement française car le mot est inconnu dans la littérature managériale anglo-saxonne) est une sorte de cocher ; un « sachant » qui, en usant de techniques douces, doit amener l'apprenant à trouver par lui-même le moyen adéquat d'animer son équipe. Le coaching est le contraire du barbare apprentissage qui consistait à demander à l'élève d'imiter le maître (les pédago après avoir sévi à l'école ont pénétré l'entreprise). La conception selon laquelle le rôle du maître est de faire découvrir à l'apprenant ce qu'il sait sans le savoir, est ici appliqué aux salariés au lieu de l'être aux élèves.

- Quatrième temps :

Au bout d'un certain nombre de très coûteuses séances, les trois parties au contrat se sentent obligés de constater un ou des progrès. L'apprenant de bonne volonté est donc maintenu à son poste. Sauf à admettre une dépense inutile....

- Cinquième temps :

Un nouveau patron débarque. Au bout d'un certain temps il constate que l'ex coaché n'est toujours pas un bon manager. Le DRH lui explique que : *« c'est vrai, mais qu'on a déjà dépensé beaucoup d'argent pour son perfectionnement et qu'il est de bonne volonté »*.

- Sixième temps :

Le nouveau patron qui veut des résultats tout de suite demande au DRH de lui trouver une autre affectation. Mon ami pharmacien ne croit pas à l'homéopathie. Et moi, pour les mêmes raisons, je ne crois pas au coaching de managers absolument dénués de leadership !

L'action du DRH

1 – Ne cédez pas à la mode : la priorité en ce qui concerne les managers hiérarchiques consiste à les sélectionner de manière drastique, c'est à dire à exclure tous ceux qui n'ont pas de capacité de leadership. Par expérience personnelle, le coaching ne réussit jamais à donner du leadership à ceux qui en sont totalement dénués !

2 – Pour les managers hiérarchiques en place à votre arrivée, rencontrez les un par un et classez les en 3 groupes :

- Ceux qui ont un vrai leadership.

- Ceux qui, sans avoir de leadership affirmé «sont bien orientés » en matière de management humain. Ils pourront profiter d'un perfectionnement qui fera d'eux des mangers « initiateurs », c'est à dire capables de prendre les initiatives qu'aurait pris « naturellement », un leader possédant du leadership.

- Ceux qu'il faut rapidement muter à un poste fonctionnel, ou avec qui il faut engager une rupture négociée pour incompétence, si on ne peut lui trouver de nouvelle affectation ou qu'il les refuse l'une après l'autre.

Que signifie « être un DRH moderne » ?

Contrairement à ce qu'on dit et pense tout le temps, la frontière, dans l'action, n'est pas entre la gauche et la droite, entre les diplômés et les non diplômés, entre les Jeunes et les Anciens, entre les matheux et les littéraires, entre les religieux et les a-thés...

La vraie frontière, dans l'agir, est partout entre les Anciens et les Modernes

Le terme « moderne » est issu du grec « modos » qui signifie « d'aujourd'hui ». Être d'aujourd'hui signifie vivre avec son temps, donc avoir l'esprit « ouvert » sur son temps. Avoir l'esprit ouvert nécessite forcément des questionnements sur les opinions reçues et les manières de faire « d'hier ».

Exercer « sa modernité » pour un DRH, implique de changer ou, au minimum, de réévaluer les règles du jeu communément admises :

- entre le manager et son équipe.

- entre l'entreprise et ses salariés

- entre le Patron et le syndicats.

- entre l'entreprise et son environnement.

Les relations entre le manager et son équipe sont encore très influencées par un certain nombre d'idées admises qui s'avèrent fausses ou à demi vraies, donc possiblement contre productives. Exemples : il ne faut pas être trop proche de son personnel. On peut déléguer mais il faut beaucoup contrôler. Il ne faut pas tutoyer son personnel.

De même, les relations entre l'entreprise et ses salariés sont à revoir. Exemples : le salaire suffit à rendre compte de la contribution du personnel aux résultats de l'entreprise. Les salariés sont naturellement impliqués. Les salariés, moyennant formation, sont aptes à occuper tous les postes (négation de l'impact de la personnalité). Les licenciements sont les seules économies envisageables. Les salariés ne sont pas assez adultes pour entendre les problèmes auxquels est confrontée l'entreprise. Les managers de proximité ne sont pas mûrs pour exercer les attributs hiérarchiques : recruter, évaluer, récompenser, sanctionner. La multiplication des modes de contrôle (reporting, contrôle interne, suivi des objectifs) est un gage d'efficacité ; les achats jouant sur l'effet de taille (quitte à faire attendre les salariés) sont de bonne gestion

Les relations avec les syndicats souffrent aussi de conceptions héritées du passé. Exemples : les syndicats sont un mal nécessaire. Il faut céder sur les principes devant une action syndicale forte, au nom du pragmatisme. Les relations sociales exigent de jouer *au plus fin* car, selon Machiavel, la « virtu » s'impose à la « fortuna », c'est à dire que seule compte la fin et qu'il faut faire preuve de souplesse face aux circonstances, quitte à se renier.

Les relations entre l'entreprise et son environnement (dont l'Etat) sont aussi gravement influencées par des conceptions passéistes ou fausses. exemples : il faut recruter en satisfaisant aux conditions posées par les aides gouvernementales (en faisant passer en second les qualités du recruté). Le nombre de stagiaires reçu est un signe de bon management. Le taux des dépenses formation est un critère de bonne gestion. Le rôle du DRH est d'exercer son esprit critique par rapport à tout ce que le passé ou l'environnement présente comme une chose vraie et acquise. Il le fera d'autant plus facilement qu'il aura frotté son esprit à plusieurs cultures d'entreprises. La vraie faiblesse d'une carrière effectuée dans un seul groupe même en occupant plusieurs emplois est là : l'impossibilité de confronter les « vérités » de l'entreprise où l'on travaille « aux autres vérités » des autres entreprises. Donc l'impossibilité de relativiser, d'exercer son esprit critique, d'apporter d'autres angles de vue, d'autres manières de faire. Le péché d'orgueil managérial se nourrit de l'absence d'avoir cotoyé d'autres cultures, d'autres méthodes, d'autres gens.

Les Modernes pensent que tout est possible en agissant autrement.

Même s'ils ne négligent pas systématiquement les leçons du passé, le passé est souvent ce qui empêche d'imaginer un nouvel agencement des choses. Les Modernes pensent que la créativité, l'imagination, l'enthousiasme sont le vrai carburant d'une entreprise et d'une société. Les modernes croient que l'intelligence n'est la propriété de personne. Les Modernes pensent que les règles doivent être réduites au minimum et l'esprit de liberté et responsabilité, la règle. Les Modernes pensent que le rôle de l'éducation est aussi (surtout) d'apprendre l'acquisition de la responsabilité et de l'autonomie. Prenons un exemple d'approche moderne des problèmes : l'emploi des seniors.

La France est le seul pays à faire preuve d'un tel ostracisme vis à vis des salariés de plus de 50 ans. Avoir une approche moderne de ce problème consisterait à donner le choix aux seniors (et le droit) :

- De partir (avec une retraite réduite), car, beaucoup ne se reconnaissent plus dans l'entreprise d'aujourd'hui

- De travailler à temps partiel, même avec un salaire revu à la baisse, si le poste est de qualification moindre

- De pouvoir travailler dans l'administration sans passer de concours.

- D'occuper une liste d'emplois d'utilité sociale financés par l'Etat ou les collectivités territoriales

- De travailler en temps partagé dans les PME (qui en ont fort besoin), en étant financés à la fois par l'entreprise et les CCI.

On pourrait aussi les aider à créer des entreprises qui travailleraient en sous-traitance pour des activités de service public.

On pourrait aussi leur payer une formation longue, mélange de VAE et d'unités de valeur acquises à l'université ou dans les écoles, afin de pouvoir changer de métier.

L'action du DRH

1 – Enrichissez votre vision du phénomène managérial en travaillant dans des entreprises de culture différente.

2 – Ayez l'esprit et le coeur ouverts et le courage d'affronter tous les conservatismes dans les réunions avec le comité de direction ou les représentants du personnel. Soyez un pourfendeur des idées admises comme vraies. Soyez l'avocat de la modernité dans votre entreprise. Prenez des positions « ouvertes », telles que :

- La convivialité ne nuit pas au fonctionnement d'une équipe.
- La répartition selon trois tiers (préconisée par le président Sarkozy) du résultat de l'entreprise est une évidence managériale.
- La part du secret stratégique est infime. Tout ou presque peut être dit et expliqué au personnel.
- Les managers, même de proximité, sont suffisamment responsables pour exercer les attributs hiérarchiques. S'ils ne le sont pas, il ne fallait pas les promouvoir.

- Les relations avec les syndicats méritent, selon les circonstances, souplesse ou grande fermeté mais excluent le calcul et les basses manœuvres.
- La sujétion de l'entreprise à l'économie administrée n'est pas un critère d'efficacité managériale mais un choix politique, de même pour son engagement sociétal.

3 – Rappelez l'importance de l'éthique quand des décisions doivent être prises uniquement à partir de critères financiers ou économiques. Mais il vous faudra faire valoir d'autres alternatives pour rester crédible ! Par exemple : un vrai réengineering de l'organisation de l'entreprise doit être envisagé avant de penser systématiquement à licencier

4 – Prenez des initiatives novatrices dans tous les domaines : communication, système de salaire, formation, sécurité et conditions de travail...

Soyez un DRH créatif et imaginatif !

Qu'est ce qu'un DRH peut faire avec l'héritage de MAI 68 ?

Au-delà de tous les livres et commentaires que j'entends de la part de gens qui n'ont pas vécu Mai 68, j'ai retenu de ces évènements, comme témoin attentif, les choses suivantes :

- La force du leadership de certains leaders spontanés, dont Philippe de Villiers, à l'époque.

- La démission, à la limite de la couardise, des élites.

- La force de l'intox véhiculée de Paris vers la Province.

- La bêtise de la « foule » capable de voter tout et son contraire, en l'espace de 10 minutes (la masse des étudiants)

- l'opportunisme de Mitterrand.

- le conservatisme des leaders syndicaux nationaux.

- La paranoïa des militaires.

- l'incapacité de penser les évènements autrement qu'en faisant référence à 1936 et au front populaire.

Cohn-Bendit dans son livre « forget 68 » décrit de la manière la plus juste ce qu'a été et voulu être Mai 68 : l'autonomie de l'individu face aux idéologies religieuses et politiques ; car cette époque était écrasée entre une pratique religieuse très prégnante et un totalitarisme communiste et gauchiste très intrusif. Cohn-Bendit dit comment cette époque était inconsciemment à la recherche du « pouvoir dire ». Il ajoute : « *aujourd'hui, on vit plutôt dans l'angoisse de ne pas correspondre à ce que l'on doit dire, ou à ce que l'on peut dire* ». C'est un comble quand on sait que Mai 68 a d'abord été la conquête de la prise de parole, dans une société où l'expression était corsetée dans la famille comme dans les médias. C'était aussi l'époque de l'intolérance à tous niveaux.

Si nous transposons à l'entreprise d'aujourd'hui l'esprit de Mai 68, où en est on ?

Où est passé le sens de la fête, la possibilité de dire, la tolérance qui ont accompagné les journées de Mai ? C'est d'autant plus bizarre que beaucoup de soixante-huitards sont encore aux commandes ! Ils ont troqué leur gauloise contre un costume trois pièces et, pour une grande majorité, épousé le conformisme qui va avec ! Ionesco avait bien raison de leur dire, raconte Plantu : « *Arrêtez de gueuler, dans 15 jours, vous serez tous notaires* » ! Les DRH, eux-mêmes, pour la plupart, se croient obligés de porter le trois pièces pour représenter au mieux le plus parfait des conformismes.

L'action du DRH

1 – Cessez de jouer un rôle et de vous croire obligé d'épouser la langue de bois des diplomates. C'est votre qualité de jugement et votre humanité qui vous feront reconnaître et non le pli de vos costumes ni la capacité de votre langue à tourner dix fois.

2 – Pensez et agissez en « *un honnête homme épris de vérité* », et désireux d'agir pour le bien commun.

Si vous ne savez pas, dites : « *je ne sais pas* ».

Si vous vous êtes trompés, dite : « *je me suis trompé* ».

Si on vous raconte des histoires, dites : « on va aller voir »

Si l'organisation est mauvaise, dites : « *Oui, nous savons que l'organisation est mauvaise et nous allons nous y attaquer* ».

Si la grille des salaires est déséquilibrée, dites : « *Il faut du temps pour la rééquilibrer, nous allons refaire une grille qui tient la route, on vous l'expliquera, et on la rectifiera par étapes* ».

Si on vous ment, dites : « *Monsieur, vous mentez* ».

Si les syndicats font preuve de mauvaise foi, dites : « *prouvez moi ce que vous avancez, et si c'est juste, je vous en donnerai acte* ».

Si un problème de sécurité requiert une solution urgente, signez le bon de commande sur le champ et fichez vous des procédures !

La plus belle entreprise du monde

J'en ai rencontré dans toutes les entreprises où j'ai travaillé : ils (elles) sont secrétaire, employé, ouvrier, cadre ou ingénieur, chef de servicells (elles) travaillent dans le secteur privé, ou dans le secteur public. Ils ou elles ne se laissent pas découvrir aussi facilement, bien que ne portant ni cagoules ni treillis Une certaine mise en confiance est nécessaire. Et puis, un jour, à l'occasion d'un pot, d'un départ en retraite, Ils se découvrent. On les reconnaît à leur souffrance. Celle de ne pas pouvoir faire aussi bien qu'ils voudraient. Comble de l'entreprise productiviste, sa lourdeur de fonctionnement génère un réseau de résistances. Comble de l'organisation au service du public, sa bureaucratie nourrit en son sein des gens qui y croient vraiment. Des résistants à l'incurie de son organisationdes résistants à la bêtise organisée tous les jours. Des résistants à la couardise de certains de ses dirigeants et managers. Ils n'ont pas fait « *la prépa lèche cul* », ni la prépa « *je protège ma carrière, je prends pas de risques* ». Les syndicats repartent de leur bureau après qu'ils eussent découvert la fausse injustice à l'origine de leur démarche. Le demande de sanction injuste est annulée. La demande de sanction justifiée est appliquée sans détour. Leurs ouvriers les aiment et les estiment. Car ils sont sur le terrain et voient clair. C'est grâce à ces obscurs que l'entreprise marche moins mal. Ce sont eux qui mettent de l'huile, quand l'organisation grippe. Ce sont eux qui, sans paroles et beaux discours, impulsent le sens du travail bien fait. Et défendent, au quotidien, la réputation de l'entreprise ou de l'organisation. Leurs vestons ne s'ornent d'aucune médaille. Et les patrons se succèdent souvent sans les voir. Car ils ne voient que la lampe et oublient l'huile. Parce que leur honnêteté et leur courage n'a d'égale que leur modestie. Les hommes capables d 'exploit, ce sont eux. Ils en sont sûrs. Parce que s'ils sont chefs, leur équipe est prête à battre des records pour eux. Sans même une prime à la clé. Ça s'appelle le leadership. Les héros du quotidien qui travaillent dans l'ombre, ce sont eux. Rêvons un peu : imaginez une entreprise où ces héros échapperaient à ces mille liens qui empêchent l'entreprise, ou l'organisation, de fonctionner normalement. Cette entreprise là irait à la conquête du monde ! Elle serait tout simplement la plus belle du monde

L'action du DRH

1 – Essayez de tout faire pour que l'organisation libère les énergies et les initiatives au lieu de les emprisonner. Combattez sans relâche l'organisation où il faut lutter pour travailler !

2 – Valorisez fortement tous ceux qui, quel que soit leur statut et leur diplôme, s'engagent et s'impliquent fortement, au quotidien, pour que l'entreprise fonctionne.

3 – Faites la chasse à tout ce qui peut contribuer à décourager les prises d'initiative et les envies de bien faire

Comment restaurer l'intérêt des salariés pour le syndicalisme ?

Un constat s'impose : quand tout va bien, le salarié français n'éprouve nul besoin de se syndiquer et d'en appeler au syndicat. Il les trouve même un peu ringards et parfois pénibles. Mais quand les choses se gâtent, il comprend soudain l'intérêt de l'action collective. Ceci dit, le taux de syndicalisation des salariés français est anormalement bas. Autour de 4%, pour le secteur privé.

Les raisons ne manquent pas :

- L'individualisme bien connu des français.

- Une image syndicale encore trop politisée.

- Des modes d'action qui peuvent paraître désuets au salarié citoyen ou consommateur.

- Un système électif compliqué et qui finalement aboutit à présenter un choix de revendications peu imaginatif et très démagogique.

La restauration de l'intérêt des salariés ne passera pas par la distribution d'avantages financiers ou autres incitations diverses et variées comme certaines entreprises l'ont tenté.

Il passe par une réforme radicale du système qui va bien au-delà des modifications législatives qui viennent d'être votées

Pourquoi par exemple, ne pas introduire un challenge susceptible de redonner de l'intérêt à un mode électif bien compliqué et bien technocratique : comme cela se pratique dans certaines entreprises US, je mets en compétition 2 programmes :

- Celui du patron et celui du ou des syndicats en lice.
- Les salariés votent pour le programme qui leur semble à la fois le plus intéressant, mais aussi le plus susceptible d'être mis en œuvre.
- Si le programme patronal l'emporte, le patron est obligé de le mettre en œuvre, sinon le syndicat ayant recueilli le plus de voix entame des négociations avec l'employeur afin de l'amener à s'engager sur le maximum des points du programme présenté par lui

Le choix fait par les salariés vaut pour 2 ans. C'est simple, démocratique, incitatif et efficace. Mais ce n'est pas une manière française de résoudre un problème et donc ça n'a aucune chance de trouver application en France, avant 50 ans, au moins.

Le profil du chef idéal

1 – C'est un passionné, qui nous embarque avec lui dans l'aventure de l'entreprise.

2 – C'est un modeste qui cultive la simplicité, sait reconnaître le travail de ses équipes et ne tire pas toujours la couverture à lui.

3 – C'est un discret : Il ne joue pas les vedettes et ne courre pas les plateaux de télé ni ne s'épuise à paraître dans les magazines spécialisés et les journaux. Car il sait que le vrai travail se fait en profondeur et que l'entreprise ne se confond pas avec sa personne. Car il sait que son énergie doit être toute entière consacrée à son entreprise et à ses hommes.

4 – C'est un sage, qui veille à une juste répartition de la richesse produite et à une juste rétribution des efforts produits par chacun. Car il sait de Montaigne que « profit de l'un est dommage pour l'autre ».

5 – C'est un esprit moderne et tolérant, qui vit avec la mentalité des hommes de son temps, avec leurs différences.

6 – C'est un chef exigeant et intraitable sur la qualité du travail, le professionnalisme, la sécurité.

7 – C'est un philosophe, qui a compris que le meilleur de l'homme est dans ce qu'il donne spontanément, mais que pour recevoir, il faut créer les conditions de ce don.

8 – C'est un courageux, qui ne se laisse pas impressionner par les pressions d'où qu'elles viennent.

9 – C'est un esprit qui a une vision claire de ce qu'il faut faire pour mettre son entreprise sur la bonne trajectoire. C'est un grand voyageur qui vole les meilleures idées aux quatre coins du monde.

10- C'est un manager qui a compris que la première qualité d'un chef est de savoir s'entourer de professionnels, puis de leur laisser la marge de manœuvre qui convient pour qu'ils donnent le meilleur d'eux-mêmes.

11 – C'est un homme d'action : attendre pour être sûr que personne ne s'offusquera de sa décision ou éviter de faire la moindre bourde qui pourrait compromettre sa carrière n'est pas dans la nature de « l'entrepreneur viscéral » qu'est le patron.

Action first est sa devise. Essayer puis corriger et ajuster est son mode d'action. Il ne ressemble pas à tous ceux là qui passent leur temps à demander à une cohorte d'experts ce qu'il faut faire.

12 - *C'est un leader* : il a l'intuition de l'action, corrigée d'éléments de décision et d'avis raisonnés. Il décide vite parce qu'il sait que ce monde là ne nous donne pas le temps de prendre notre temps.

L'action du DRH

Faites valoir fortement que le DRH ne peut pas être écarté du processus de nomination des dirigeants et des cadres hiérarchiques.

Il faut refonder la formation continue

«*Gaspillages énormes* », le mot est de pierre Joxe, alors premier président de la cour des comptes, quand il évoque les milliards dépensés par l'Etat pour la formation professionnelle Nouveau Directeur de l'AFPA, Gilbert Hyvernat osa même parler en 1999 de « gabegie » à propos de l'organisme que son prédécesseur lui laissait ! La formation continue n'est pas efficiente parce que c'est un « machin» bureaucratique qui a perdu en route sa vocation Voici les conditions pour qu'elle reprenne sens :

1 – Il faut supprimer l'obligation qui pèse sur les entreprises et conduit à en faire un impôt supplémentaire.

S'est-on jamais réellement interrogés sur l'opportunité de maintenir l'impôt de la formation continue ? Si on l'avait fait, on aurait constaté que les pays qui n'ont pas d'impôt formation ne sont pas moins compétitifs que nous et leur main d'œuvre n'en est pas moins qualifiée. Cet impôt est une fois de plus une manifestation de l'économie administrée. Quel mépris pour les entrepreneurs ! Les patrons qui ont compris l'intérêt de la formation auraient dépensé de toute manière. Les autres payent un impôt de plus et nourrissent au passage quelques structures bureaucratiques. Penser bien dans cette affaire consiste à se dire les choses suivantes :

- Ce n'est pas à l'Etat de décider du budget formation des entreprises qui, de toute manière, se portent d'autant mieux que l'Etat s'occupe moins de leurs affaires.

- Le principe de concurrence et de compétitivité consiste à classer en tête les entreprises les plus innovantes, les plus qualifiées, les plus professionnelles. Le moyen qu'elles prennent pour y parvenir est leur affaire.

- Si une entreprise ne voit pas d'intérêt à former son personnel et préfère embaucher des professionnels déjà formés, c'est son problème.

- Si une entreprise ne voit pas d'intérêt à former son personnel et préfère les remplacer par des robots, c'est son problème.

L'Etat n'a pas à savoir ce qui est bon pour l'entreprise et doit cesser d'utiliser la formation comme un moyen pratique de masquer la réalité du chômage

(Il est lui-même trop mauvais patron pour donner des leçons aux autres).

2 – Le secteur économique de la formation doit se professionnaliser

La Formation continue doit se livrer à un sérieux aggiornamento pédagogique :

- Instaurer un label de certification des organismes et des formateurs en exigeant des praticiens une réelle connaissance de l'entreprise.

- Introduire une pédagogie dégagée du modèle scolaire et universitaire et imaginer un autre mode de validation que les diplômes.

- Eviter de réduire les apports en sciences humaines à des phénomènes psychologiques ; mêler à la psychologie, les apports de la sociologie, celles des théories managériales ; travailler la relation homme / structure autant que l'interpersonnel.

- Eviter de recourir systématiquement à l'appel d'offres qui pousse à privilégier le prix pour une mise en concurrence faisant prioritairement intervenir la qualité des intervenants et leur connaissance de l'entreprise.

- Ceci suppose plus largement que les universités parviennent, à l'exemple des grandes écoles, à conduire une vraie politique d'évaluation de la qualité de leur corps enseignant intervenant en formation continue, sans forcément être à la remorque des programmes des modèles anglo-saxons les plus prestigieux : Harvard – Stanford – Oxford, et sans privilégier une fois encore les plus diplômés ou les auteurs d'ouvrages.

- Enfin, il faut redonner au mot formation son sens « d'entraînement ».

Le dispositif de formation continue doit impérativement redonner au mot formation son sens d'entraînement (les anglo-saxons utilisent d'ailleurs opportunément le mot training pour désigner la formation). Et comme l'on sait que le savoir faire s'apprend sur le tas, par l'expérience, la vraie réforme à conduire concernant la formation continue consisterait à utiliser ses personnels (les salariés seniors en priorité) comme tuteurs pédagogiques et ne laisser aux organismes de formation externes que le transfert des connaissances et savoir faire, qui ne peuvent être acquis dans l'entreprise. C'est pour cette raison que les entreprises doivent se dotera nouveau de véritables centres d'apprentissage au lieu d'être soumis à une taxe formation obligatoire.

3 – Distinguer les deux dimensions de la formation : utilitaire et culturelle
et redonner aux acteurs la maîtrise d'une partie du processus

3/1 – Redonner à la hiérarchie la maîtrise de la formation utilitaire. Ne laisser à la DRH que l'initiative des chantiers transversaux. La formation est un acte de management qui engage la hiérarchie bien avant la DRH. L'entreprise en fait souvent la seule affaire de la DRH et du comité d'entreprise (qui est amené à être consulté), alors que c'est un acte de management qui implique directement l'accroissement de la force productive, et donc les managers, en lien avec la stratégie de l'entreprise. Au lieu de décider à leur place, il suffirait que la DRH attribue à l'encadrement la maîtrise d'une partie des dépenses de formation, car ce sont eux qui connaissent les vrais besoins et ne conserve que les dépenses de formation attachées aux chantiers transverses. On m'objectera que l'encadrement cherchera à faire plaisir. Mais alors c'est que l'encadrant en question n'est pas à sa place !

3/2 – Il faut également donner à chaque salarié une enveloppe formation ou un capital d'unités-formation pour son utilisation à des fins d'ouverture culturelle. Car il s'agit bien d'élever le niveau culturel moyen de l'entreprise au lieu de se contenter de pratiquer une politique de l'élite. L'élévation de ce niveau culturel moyen est l'une des seules chances de l'Europe face à la voracité des économies des pays émergents. Ce sera également un bon moyen de ré-intéresser les salariés à « leur» formation et d'en faire profiter toute l'entreprise.

3/3 – Enfin, il faut éviter de céder démagogiquement aux pressions syndicales et optimiser les dépenses formation. Les syndicats ont fait de la formation un droit   « dans l'absolu » : répondre à la demande d'un salarié, quelle qu'elle soit, alors qu'elle est d'abord réponse à un besoin : le décalage à combler entre le poste à tenir et les compétences du salarié. Le taux des dépenses formation étant devenu un critère de « bonne gestion sociale » et même de bonne gestion tout court, les entreprises ont pour la plupart sorti les dépenses de formation de la catégorie des dépenses à optimiser. (voir l'inscription de ce critère par les fonds éthiques)

4- La refondation de la formation continue ne peut faire l'économie d'un système managérial adapté.

Le management de la compétence, dont on parle tant, oublie presque toujours que la seule acquisition des compétences est insuffisante à faire du salarié un vrai professionnel s'il ne met pas ces compétences en action, et ne les situe pas dans le cadre d'une action autonome et responsable de sa part et au sein d'une culture d'entreprise favorisante. Or, c'est presque toujours « là » que le bât blesse : le salarié reçoit des connaissances et du savoir fair, est-on sûr qu'il aura l'occasion ou l'envie de les exercer, de retour dans son entreprise ? Un exemple de ce manque de liaison entre formation et stratégie d'entreprise, nous en est donné régulièrement, quand des membres de l'encadrement acquièrent en formation des compétences que l'entreprise ne leur donnera jamais l'occasion d'exercer. Le management est global : pas d'issue si l'entreprise ne prend pas soin de réinsérer sa politique formation dans l'ensemble plus vaste que constitue sa politique managériale.

Le rôle du DRH

1 – Commencez par élaborer une politique formation reprenant vos idées force en matière de formation continue.

2 – Testez la auprès de l'équipe RH.

3 – Faites la valider par le comité de direction.

4 – Présentez la à l'encadrement et aux partenaires sociaux.

5 – Mettez la en oeuvre en élaborant les procédures ad hoc et ajustez, si besoin.

Les tabous des RH

Tabou : par extension, le terme tabou désigne, dans son acception la plus générale, un sujet qu'il est préférable de ne pas évoquer si l'on veut respecter les codes de la bienséance d'une société donnée. Comme toutes les « communautés », les hommes et femmes des ressources humaines ont leurs tabous. En voici une liste non exhaustive :

- Premier tabou : les relations avec les syndicats

Ne jamais dire qu'on fait tout pour ne pas contrarier un syndicaliste et même qu'on lui fait les yeux doux, qu'on tente de le séduire, de se « faire bien voir ». D'ailleurs le patron, même s'il dit le contraire, adopte le même comportement hypocrite et attend de son DRH qu'il soit ferme avec les syndicats afin de lui laisser plus de champ libre à lui.

- Deuxième tabou : les préférences en matière de recrutement.

Ne jamais dire que l'on n'embauche pas un profil de candidat qui déplaît au patron ou n'est pas dans le style de l'entreprise (Les patrons ont tous leurs petites préférences : intellectuelles, tempéramentales et mêmes esthétiques)alors qu'on affiche notre esprit d'ouverture

- Troisième tabou : le niveau des salaires.

Ne jamais dire que le niveau des salaires «n'est pas correct» et que les augmentations sont parfois au minimum des possibilités de l'entreprise, alors qu'on sait bien que ce n'est pas tout à fait vrai. Mais le compte de résultat ne fait pas partie des documents de la négociation sociale.

- Quatrième tabou : la performance des managers.

Ne jamais dire que les managers sont peu performants, alors qu'on sait bien qu'un bon tiers d'entre eux est nul.

- Cinquième tabou : la sécurité et les conditions de travail.

Ne jamais dire que la sécurité n'est pas la première priorité de l'entreprise, du patron et du DRH. Alors qu'on sait bien que c'est la production et le service client qui priment...

- Sixième tabou: le développement durable et la responsabilité sociale de l'entreprise.

Ne jamais dire que ce ne sont pas des choses importantes. D'ailleurs tous les cadres ont été invités à une conférence sur ce thème lors du dernier séminaire annuel. Alors que *l'earning per share* reste et restera la principale préoccupation, pour longtemps encore.

- Septième tabou : la liberté d'expression.

Ne jamais dire que nous n'aimons pas les « grandes gueules » et les cadres critiques qui l'ouvrent à propos et posent les bonnes questions lorsque le PDG descend. Alors que celui là a perdu une bonne occasion de se taire. Il comprendra plus tard.

- Huitième tabou : la promotion interne.

Ne jamais dire que la formation et la VAE (validation des acquis de l'expérience) ne permettront jamais à un CAP de devenir cadre chef de service. Alors qu'on sait bien que les postes d'encadrement à partir du chef de service sont tous réservés à l'élite des ingénieurs et des écoles de commerce.

Management : 12 conseils pour prendre en mains un service

Beaucoup de managers, prenant un poste, se contentent de vivre à la petite semaine leur prise de fonction. Ce faisant, ils ne produiront jamais beaucoup de valeur ajoutée. Nous préconisons une méthodologie de prise de poste plus ambitieuse et porteuse de vrais changements car, à quoi cela sert-il de changer de responsable s'il se doit se contenter de gérer et l'existant et chausser les bottes de son prédécesseur ? La situation, en effet, dépasse le sort et l'évolution professionnelle du seul responsable (qui pourrait se contenter de passer au mieux cette nouvelle étape dans sa carrière, sans faire de vague...) pour concerner l'évolution du service et l'exigence de progrès permanent qui devrait être à l'œuvre dans l'entreprise.

Les étapes préconisées sont les suivantes :

1 – Observer pendant une période significative et ne rien décider. Se contenter d'expédier les affaires courantes

2 – Tenter d'identifier les problèmes posés par rapport à la vocation du service. Les grandes missions du service sont elles « bien » satisfaites ?

3 – Vérifier d'abord si l'organisation est adaptée. Si les procédures et process sont efficaces. Demander leur avis aux clients internes et externes. Reconfigurer l'organisation si nécessaire.

4 - Vendre votre nouvelle organisation à votre supérieur hiérarchique (et les changements de personnels.) Faire une présentation au comité de direction si nécessaire. Informer l'environnement des changements qui vont intervenir (dont le comité d'entreprise).

5 – Vérifier ensuite si les titulaires des postes de la nouvelle organisation sont professionnels à leur poste. Prendre, selon les cas, la décision de les former, de les muter, voire de s'en séparer s'il y a insuffisance notoire et fautive. Recruter les titulaires manquants. Informer l'environnement.

6 – Clarifier, auprès de tous, la vocation du service et la contribution de chacun à cette vocation. Insister sur les principes de qualité de service (continuité et gestion des absences), de coopération, de règles du jeu (droits et devoirs), des moyens de susciter le progrès permanent (créativité et valeur ajoutée individuelle).

7 – Remédier aux principales « anomalies » : salaires ou conditions de travail, injustices ou dysfonctionnements divers. Sans cela, il est vain d'attendre de gros efforts, sauf à user de contrainte. Pour recevoir, il faut donner !

8 – Puis, mobiliser le personnel autour d'axes de travail permettant d'assurer « le mieux possible », la vocation du service.

9 - Travailler en groupes de projet sur les chantiers identifiés.

10 – Donner à chaque équipe les moyens de réussir. Donner de l'air et susciter des prises de responsabilité à tous niveaux. Prévoir des systèmes d'intéressement subjectif et objectif adaptés. Veiller aux conditions de travail et à l'ambiance de travail.

11 – Suivre l'évolution des progrès régulièrement en équipe

12 – Fêter les succès.

L'action du DRH

Une majorité de cadres et d'ingénieurs ne sait pas comment faire pour prendre en mains un service de manière professionnelle. La plupart n'apporte pas vraiment de changements significatifs par rapport au prédécesseur. Votre rôle consiste à organiser, à l'intérieur du parcours d'intégration, une sensibilisation de deux heures sur la prise en mains d'un service.

Faut-il « pardonner » au manager qui a failli ?

Récemment l'actualité nous donnés deux exemples frappants de la conduite tenue envers des managers considérés comme coupables : le premier, d'une bavure, le second, d'une défaite. Nous en profiterons pour examiner comment les entreprises se comportent envers leurs managers en semblables occasions :

- Il y a quelques jours 5 officiers de l'armée de terre ont été suspendus parce qu'un soldat avait tiré sur la foule avec des balles réelles lors d'une démonstration en ayant confondu munitions réelles et munitions d'exercice (Carcassonne)

- Récemment encore le bureau exécutif de la fédération française de football a décidé de maintenir à son poste l'entraîneur de l'équipe de France, Raymond Domenech, accusé par les fans d'avoir entraîné l'élimination prématurée de l'équipe française lors de l'euro 2008 de football.

Traitons tout de suite le premier cas : quel est le sens d'une punition collective étendue à la chaîne de responsabilité quand un salarié ou un exécutant a failli ? Selon nous, cette décision fait sens. Nous avons trop souvent assisté à la punition du seul lampiste pour ne pas considérer que justice est faite quand « ceux » qui avaient un part de responsabilité dans l'exécution de l'action pour en être suffisamment proches, soient sanctionnés solidairement avec l'auteur de l'acte. La condition en est que cette solidarité de culpabilité suppose que la chaîne hiérarchique « pouvait agir » effectivement pour organiser, prévenir ou empêcher l'action fautive. La démission demandée du gradé le plus élevé, si elle a été demandée, n'a pas de sens, sauf à considérer que c'est le Président de la république lui-même, commandant en chef des armées, qui aurait dû être condamné.

En ce qui concerne le cas Domenech, la décision qui a été prise, reflète tout à fait une manière d'agir très commune dans la culture managériale française :

Le schéma est toujours le même :

Phase 1 : un manager ou un salarié a failli.

Phase 2 : il passe en jugement et demande pardon. Un certain nombre parmi ses «juges », met en avant ses qualités personnelles, son repentir, son désir de bien faire, ses regrets, son chagrin (réel ou supposé), souvent pour des raisons de type relationnelles : je l'aime bien. Tout le monde a oublié le résultat et donc l'échec de ses choix ou de ses méthodes.

Phase 3 : on décide de lui « pardonner », mais pour faire taire les revendications des minoritaires à cette décision de clémence, on décide parallèlement d'assortir le pardon de « conditions » diverses et variées. En l'occurrence pour R Domenech, on lui demande de revoir sa communication et de se corriger sur un certain nombre d'autres points

Phase 4 : le salarié ou le manager qui a failli « sait » ce qu'il doit aux personnes qui l'ont « sauvé ».

Et forcément son comportement va changer : il ne sera plus celui d'un homme libre qui assume ses choix mais celui d'un grâcié qui veillera en toutes circonstances aux consignes qui lui seront soufflées par ses ex juges ou par les personnes placées auprès de lui pour le surveiller ! En deux mots, c'est une décision calamiteuse. Car cet homme a perdu ce qui faisait sa force : la capacité a assumer et répondre librement de ses choix, y compris contre tous ceux qui les mettent en cause, mais qui ne sont pas à sa place. J'ai vu se répéter de nombreuses fois ce schéma en entreprise. L'affect, ou l'estime de soi qui suit le pardon, mettent au second plan le fait qu'un homme responsable et libre de ses choix s'est trompé et que le résultat attendu n'a pas été atteint

L'action du DRH

Alors faut-il donner une seconde chance ? Oui, mais une seule et à condition que les circonstances ayant conduit à l'échec le justifient. Beaucoup de stages de perfectionnement ou de séances de coaching sont la suite de ces « pardons ». Ces accompagnements se révèlent positifs pour les managers ou les salariés qui sont « bien orientés » par rapport au poste qu'ils occupent. En aucun cas, ils ne peuvent rendre « adaptée » une personne à un poste pour lequel elle n'est pas faite. Par exemple absence de tempérament commercial pour un commercial ou absence totale de leadership pour un manager.

La ringardise en management

Être un manager » ringard », c'est ...

1 – Choisir un conseil d'administration non personnellement concerné par la bonne marche de l'affaire.

2 – Tenir ses managers en laisse.

3 – Choisir des Dirigeants philosophes, technocrates ou théoriciens.

4 – Se persuader (et persuader les autres) que l'Entreprise a une vocation humaniste et se contenter d'en parler.

5 – Multiplier les réunions, rapports et compte rendus, avoir un goût particulier pour la bureaucratie.

6 – Se rassurer en multipliant les analyses, évaluations, contrôles, audits en tout genre

7 – Dire qu'on décentralise alors qu'on se contente de déconcentrer.

8 – Accorder du crédit à une représentation salariale médiocre. Ne pas chercher à construire avec des représentants du personnel intelligents, même critiques.

9 – Retarder au maximum la prise de décision.

10 – Manager par les moyens au lieu de pratiquer un management au résultat.

11 – Rechercher toutes les aides et subventions possibles.

12 – Consacrer du temps aux institutionnels sans impact réel sur la vie de son entreprise.

13- Pardonner aux salariés incompétents, ne pas récompenser suffisamment les performants.

14 – Sélectionner de « mauvais salariés » en croyant qu'ils vont devenir bons.

15 – Confondre travail sérieux et ambiance triste et étouffante.

16 – Avoir peur de tout, se complaire dans ses prudences et ses impuissances.

17 – Ne rien faire sans s'entourer d'une armée de consultants.

18 – Croire qu'on est les meilleurs et les champions du monde.

19 – Ne pas savoir s'entourer de professionnels compétents et critiques.

20 – Ne pas comprendre pourquoi les salariés n'ont pas le même intérêt à s'impliquer que les Patrons.

21 – Travailler le plus longtemps possible.

22 – Confondre exigence et harcèlement moral.

23 – Ignorer le sens du mot professionnalisme.

24 – Promouvoir les salariés qui vous aiment.

25 – Craindre de dire la vérité.

26 – Déborder d'affectivité.

27 – Confondre l'égalité avec l'équité.

28 – Tenir compte de détails vestimentaires pour former son jugement.

29 – Attacher plus d'importance au ramage et au plumage qu'aux qualités intrinsèques.

30 – Donner à l'écrit une place prépondérante par rapport à l'oral et aux contacts directs.

L'action du DRH

Un des rôles les plus difficiles du DRH consiste à conseiller les dirigeants et la ligne managériale. Ce rôle pour être effectif exige d'être crédible et d'avoir soi même exercé des responsabilités opérationnelles. Votre capacité d'influence sera proportionnelle à l'influence que vous aurez su acquérir auprès du DG. Peu de DRH arrivent à se positionner comme conseiller privilégié du DG dans le domaine managérial (il préfère souvent faire appel à un cabinet de consultants). Pourtant, le poste de DRH est une position privilégiée pour observer les dysfonctionnements.

A minima, portez ces dysfonctionnements à l'ordre du jour du comité de direction et soyez l'animateur du débat qui ne manquera pas de s'engager ; ceci suppose une ouverture forte du DG

Secrets pour rendre heureux un salarié qui mérite de l'être

1 – J'ai été accueilli par mon chef, présenté à l'équipe. Mon chef a déjeuné avec moi et m'a présenté l'entreprise, mon poste de travail, mes missions, organisé un pot d'accueil le soir de mon arrivée.

2 – J'ai réalisé mon circuit d'embauche. J'ai reçu mes équipements de sécurité et complété mon dossier administratif. J'ai reçu une formation à la sécurité au poste de travail, des informations sur mon bulletin de paye et le système de gestion du personnel, un livret d'accueil. J'ai reçu un badge avec ma photo et mon nom. Une note de service a annoncé mon arrivée.

3 – La secrétaire a noté mes demandes de confort concernant mon poste de travail. je dispose d'un crédit annuel pour l'aménager. Je peux écouter de la musique pendant mon travail à condition de ne pas déranger les autres.

4 – Mon responsable m'a fixé une série de missions pour me permettre de juger de mes capacités. Des rendez vous ont été pris tous les mois puis tous les trimestres pendant 1 an. Ce n'est qu'à l'issue que je recevrai mon affectation définitive.

5 – Je fais partie d'un groupe de travail chargé de mener à bien des opérations sollicitant les compétences de plusieurs membres de l'équipe. J'ai donc deux chefs : un chef hiérarchique et un chef de projet. Le résultat, positif, donnera lieu à attribution d'une prime collective. Une grande liberté de gestion du temps et de nos déplacements nous est donnée en coordination avec le responsable hiérarchique.

6 – Mon temps de travail et de congés fait l'objet d'une planification annuelle. Les congés sont fixés en coordination avec les collègues. Je suis polyvalent sur deux postes. Je peux rester travailler chez moi sans justificatif si je ne me sens pas bien, après avoir informé mon responsable. Je peux reprendre mon travail sans avoir à présenter de certificat d'arrêt maladie, en dessous d'une semaine d'absence.

7 – Tous les lundis matin, le chef fait un point avec mon équipe pendant 1 heure. Tous les trimestres, l'ensemble du service est réuni et nous déjeunons ensemble.

8 – Je dispose d'un crédit formation que je dépense à ma guise pour moitié et en accord avec mon responsable pour l'autre moitié.

9 – Avec les collègues, nous votons tous les ans afin de faire octroyer une prime au collègue que nous jugeons le plus coopératif et le plus agréable.

10 – Tous les deux ans, une enquête de satisfaction anonyme nous permet d'infléchir la politique de la DRH et de donner notre sentiment au Patron de l'entreprise sur la manière dont nous percevons son management et l'évolution de la situation économique de l'entreprise.

11 – Le système d'intéressement est décentralisé et tient compte des résultats de chaque unité.

12 – Notre service est géré comme une PME. Il dispose de son compte de résultat. Nous discutons ensemble du budget, des comportements non professionnels, des recrutements en cours, mais le chef décide. Chacun des membres de l'équipe est responsable de 1 ou plusieurs postes budgétaires.

13 –Tous les Vendredis on boit un pot ensemble. Une fois par an, une grande convention réunit tout le personnel de l'entreprise et nous faisons la fête ensemble en fin de journée .

14- Tous les 3 ans, j'évoque mon avenir professionnel avec mon responsable et un responsable de la gestion des carrières à la DRH. Nous faisons le point sur mon employabilité sur le marché du travail et décidons de mesures appropriées.

CommentairesLa plupart de ces conseils s'adressent à tous. Certains ne s'adressent qu'aux professionnels. Quelques uns ne s'adressent qu'aux meilleurs

L'action du DRH

Bien entendu, ce tableau vous paraîtra bien idyllique, mais c'est en regardant vers le haut qu'on arrive à progresser. Essayez de mettre en oeuvre progressivement une ou plusieurs de ces mesures. Quand on est DRH, il faut savoir jouer avec le temps. Le pire serait de ne pas profiter des occasions qui vous sont données (et elles existent forcément) pour mettre en place des novations intéressantes.

Types de patron et marges de manœuvre

Souvent on n'a pas le choix et le recruteur ne vous dit rien, ou pas grand-chose, de la personne qui détient le pouvoir dans l'unité dont vous allez être le DRH. Il est son client. La première rencontre vous laissera quelques impressions trop floues pour que vous preniez le risque de laisser tomber, ou de vous faire classer en N°2, en émettant quelques réserves maladroites. J'ai observé qu'on refusait souvent de voir l'évidence, devant le désir fort de trouver ou retrouver un emploi. Dans l'absolu, un homme des relations humaines devrait pouvoir s'accommoder de tous les types humains que le hasard lui présente. En réalité, c'est tout le contraire.

S'il y a une fonction qui implique une complicité forte entre son titulaire et le détenteur du pouvoir, c'est bien celle de DRH.

Car sa fonction incarne le pouvoir et son pouvoir ne saurait se dissocier sensiblement du pouvoir de son hiérarchique. D'où l'importance, pour ces deux là, dans l'absolu, de partager une même conception de l'entreprise, de la place de l'homme dans l'entreprise, de celle qui doit être laissée au dialogue social, du type de managers qu'il faut recruter ou promouvoir, du type d'organisation à mettre en place, bref, partager le même corps de principes ou de valeurs qui vont inspirer et orienter leurs actions. Faute de quoi, ce tandem fonctionnera avec difficulté. Dans la réalité, l'osmose parfaite est rare et chacun, surtout le DRH, doit faire des efforts. Le problème, bien sûr, ne se pose pas quand le DRH est naturellement légitimiste et inscrit ses pensées et son action dans celles de son hiérarchique. Ainsi donc, il vous faudra dans un lapse de temps très court, celui de la période d'essai, juger de la communauté d'idées qui vous rapproche ou vous sépare de votre responsable. Il faut préciser aussi que, même si vous partagez vos conceptions avec votre responsable direct, mais que celui-ci n'est pas le décideur final, vous souffrirez de travailler dans cette entreprise, si vous avez à appliquer des décisions venues de plus haut, qui vous déplaisent.

Les attentes implicites du patron.

Elles ne se perçoivent pas rapidement, en général. Et il vous faudra un peu d'ancienneté dans l'entreprise pour deviner les attentes implicites de votre patron. Qui s'ajoutent à celles de son entreprise. Ces attentes implicites rejoignent la conception intime que le dirigeant a de l'entreprise, des hommes, de la manière d'agir, de la place qu'il accorde à sa carrière. Et elles ne recouvrent pas forcément celles de l'entreprise, sauf s'il est patron propriétaire et que l'entreprise se confond avec lui. Certains focalisent sur les profils des recrutés (diplôme, origine sociale, couleur politique, syndicalisation), d'autres, sur le niveau d'engagement des salariés, mesuré à l'aune de leur disponibilité horaire, d'autres tiennent beaucoup à faire plaisir à leur environnement institutionnel ou politique, au travers de stages, formations en alternance, recrutements ciblés. On demande au DRH de savoir appliquer discrètement les petites affinités du pouvoir. La culture d'entreprise sert parfois de paravent à ces attentes implicites. A vous de savoir agir au mieux de votre conscience, sans avoir l'air de désobéir.

Avec quelles marges de manœuvre ?

A ce titre, certains patrons sont autant que possible à éviter :

- Le patron qui sait tout, parce que sa formation l'a conduit à penser qu'il était l'élite de la nation : adieu l'autonomie de pensée.

- Le patron politique et théoricien qui vous fera prendre ses chimères managériales pour des lanternes : adieu le pragmatisme.

- Le patron institutionnel, qui a une peur bleue de son Président : adieu l'action.

- Le patron tâtillon, grand apôtre du micro management : bonjour le détail et adieu les dossiers de fond.

- Le patron perfectionniste, peureux et méfiant, qui ne comprend pas que vous fassiez différemment de lui, se méfie de tout, et contrôle tout 3 fois, de fond en comble : adieu la confiance !

- Le patron carriériste et dévoré par son ambition, qui exige de vous et des autres, qu'il agisse pour donner de lui l'image parfaite, qui le fera porter au faîte du pouvoir : adieu la primauté de l'intérêt général !

Le patron idéal n'existe pas plus que le DRH idéal.

Néanmoins, vous apprécierez sans doute de travailler avec quelqu'un qui vous écoute, vous fait confiance pour gérer seul tous les dossiers qui relèvent de votre champ de compétence. Celui là vous soutient et, dans tous les cas, considère à priori que vous êtes son conseiller privilégié dans le champ des relations humaines et sociales. Il ne vous met pas sans cesse en concurrence avec Pierre, Paul ou Jacques, ou tel consultant, ou même les experts du siège. Contrairement à la finance ou au marketing, disciplines moins accessibles, beaucoup de gens ont leur petite idée sur la manière de gérer les hommes. Beaucoup trop de gens parasitent donc sans cesse l'action du DRH et lui enlèvent beaucoup d'efficacité. Une fois de plus, les marges de manœuvre sont à beaucoup plus à prendre dans les PME ou les filiales disposant de leur autonomie juridique que dans les structures étatiques, ou les établissements des grands groupes, où le pouvoir est, soit trop dilué, soit réduit à l'application des directives du siège.

L'action du DRH

Si vous voulez de l'autonomie essayez plutôt de travailler dans des PME ou des filiales possédant leur autonomie juridique. Dans tous les cas, la liberté se gagne, et votre sujétion est autant le résultat de votre faiblesse que la manifestation de la force de l'autre. Si les réticences sont fortes, proposez une expérimentation et gagnez la ; c'est le meilleur moyen de vous faire reconnaître et de pouvoir petit à petit disposer de la marge d'autonomie que mérite un poste à responsabilité. Dans tous les cas, tenez un langage clair et (souvent) courageux. Enfin, n'ayez pas peur !

Petite théorie de l'action efficace, en Entreprise ou en Organisation.

Si l'action était une personne et pouvait parler, elle nous dirait :

1 – J'aime la rapidité

Le mieux étant l'ennemi du bien, je préfère une solution rapide à une solution qui prend son temps pour se vouloir parfaite et ne le sera jamais. Je me souviens en permanence de ces mots du Général Mac Arthur : « Toutes les batailles perdues se résument en deux mots : trop tard ! ». C'est pourquoi trop de sagesse, trop de considérations de ceci ou de cela, trop de permissions, trop de mollesse, trop de bureaucratie, m'agacent souverainement. Le temps est d'après moi l'un des critères qui caractérise le mieux l'efficacité d'un individu ou d'une Organisation. Le dicton populaire « Faire vite et bien », n'a jamais été aussi juste qu'aujourd'hui !

2 – J'aime la simplicité

Car la simplicité toute nue, claire et limpide, évidente, est toujours la manifestation d'une grande intelligence. Je n'aime donc pas tout ce qui contribue à la brouiller : réunions sans fin pour des considérations d'importance secondaire, usines à gaz élaborées par des consultants pour justifier leurs honoraires, débats théologiques sur le sexe des anges, tableaux de bord gigantesques, rapports sans fin rassurant leurs auteurs sur la profondeur de leur intelligence, craintes multiples et injustifiées sur les réactions de tel ou tel ; angoisses perpétuelles du passage à l'acte ...

3 – J'aime la créativité

J'aime l'idée nouvelle même provoquante, celle qui surprend, celle qui dérange. Car elle seule permet d'avancer et de changer l'ordre des choses. C'est pourquoi j'aime les hurluberlus, les farfelus, les artistes, les atypiques, les empêcheurs de penser en rond, les iconoclastes, les aventuriers, des gars comme Steve Jobs, Christophe Colomb ou Marco polo, tous ceux qui ont une vision anticipatrice de ce que l'on pourrait faire, si l'on osait. C'est pourquoi je n'aime pas ceux qui se contentent de refaire avec application ce que « l'on a toujours fait » , les conformistes de tout poil qui se prennent au sérieux, les prudents à tout crin, bref les conservateurs incapables de penser autrement qu'en ordre, les groupes de travail stériles.

4 – J'aime la liberté

Car je sais que donnée aux meilleurs, elle portera les plus beaux fruits. Donnée aux professionnels, elle leur fera travailler chez les autres comme s'ils travaillaient chez eux et en fera des Intra-preneurs indispensables. J'aime la liberté parce qu'elle apprend à ceux qui la possèdent de se conduire de manière autonome et responsable. Rien de grand ne se construit sans elle. C'est pourquoi je déteste les contrôles aussi redondants qu'inutiles, les signatures multiples, les audits à la mode, les reportings bons à remplir les armoires, les comités de pilotage qui ne pilotent rien, les cris « au loup » des comptables et des juristes, les piteux conseils des peureux de tout acabit, l'immense armée de tous les décourageurs qui peuplent les bureaux et n'ont de cesse de décourager ceux qui veulent utiliser leur liberté pour entreprendre. Enfin, le manque de délégation donnée aux hiérarchiques dans les entreprises françaises, et la centralisation (sacralisation) du pouvoir qui en est la cause, est une tare indélébile, qui enlève beaucoup de sa substance aux pratiques managériales françaises !

5 – J'aime les petites unités.

Car c'est là qu'on sent le mieux ce qui se passe et la réalité des efforts que l'on produit pour moi. Car c'est là qu'on sait le mieux ce qu'il faut corriger chez moi. C'est là aussi que je prends tout mon sens et qu'apparaît le mieux la réalité de la contribution de chacun. J'aime les petites unités parce que c'est là que je suis le meilleur ciment du groupe et leur plus conviviale compagne. Enfin, c'est là et là seulement que l'action managériale peut vraiment éclore. Dans des unités plus importantes, elle se heurtera toujours à des forces qui la contrarieront. (syndicalisme, manque d'autonomie du manager, bureaucratie etc ...) Small is Beautiful !

6 – Je suis exigeante

J'ai appris très jeune que « sans exigence, il ne peut y avoir de performance ». L'exigence se nourrit de professionnalisme. C'est pour cette raison que je n'apprécie être l'œuvre que de maîtres sévères et de compagnons ayant le sens du détail et de l'œuvre achevée, même toute petite, même mineure. Les concessions multiples, les excuses innombrables à mon imperfection me mettent en colère ! Et je ne me contente jamais des promesses que demain sera mieux qu'aujourd'hui. Je sais que je passe pour avoir mauvais caractère, mais la qualité qu'on prêche à tout va sur les estrades, j'en veux, moi, tous les jours à tous les repas !

7 – Je suis majeure et vaccinée

J'apprécie qu'on sache que l'on m'entreprend parce qu'on a des raisons véritables de le faire, une finalité qui me correspond, une logique qui me donnera les moyens de trouver un aboutissement fructueux. C'est pourquoi je me méfie de toutes les actions qu'un corps étranger veut me refiler pour satisfaire ses ambitions à lui et sa logique à lui, même s'il me donne des subventions et des encouragements pour le faire et tente d'en appeler à ma bonne conscience. J'ai appris que, dans l'ordre économique, contrairement à l'ordre moral, tout ce qui est gratuit ou pas viable est sans valeur. Je suis sourd à ces appels parce que je sais que je paierai ces cadeaux au triple de leur prix, en non professionnalisme, temps perdu et dossiers sans fin. *Dura lex sed lex*, La logique politique ou sociale rencontre rarement la logique économique.

8 – Je ne m'accomplis vraiment qu'avec des professionnels impliqués respectant les règles du jeu.

Je recherche en plus leur enthousiasme, ce supplément d'âme qui vous fait franchir des montagnes et partager une aventure commune. J'ai appris que le Management rimait trop souvent avec l'art de faire avec ; je ne m'en satisfais pas ! Aussi, les incompétents, les amateurs de passage, les obsédés de la définition de fonction et de la pendule, les scrupuleux de leurs droits qui en oublient leurs devoirs, les jamais contents, les fanatiques du « toujours plus », les moroses et les blafards de tout poil, les assistés permanents, les irresponsables, les lents, les spécialistes du statut, des augmentations à l'ancienneté et de la retraite le plus tôt possible, n'ont-ils rien à faire avec moi ! Même l'Armée française a fini par comprendre que l'amateurisme certes sympathique de ses trouffions ne pesait pas grand chose face à une armée de professionnels bien entraînés. Le professionnalisme est ce qui manque le plus dans les entreprises françaises et leur principal handicap face aux Entreprises anglo-saxonnes ou japonaises. De nombreux salariés français se vengent d'une manière ou d'une autre de leurs insatisfactions personnelles ou professionnelles voire familiales, en manquant gravement aux exigences du professionnalisme.

9 – J'aime l'équité

Chacun de ceux qui contribuent à ma réalisation doivent recevoir la juste rétribution de leur contribution. C'est une question de logique plus que de morale. Comment imaginer demander à ceux qui ont donné le meilleur d'eux mêmes de continuer à le faire s'ils se sont sentis grugés ? Je suis choquée de constater qu'on récompense aussi mal ceux qui me font et qu'on sanctionne aussi peu ceux qui me défont ! Fangio, l'un des plus grands coureurs automobiles de tous les temps redonnait 10% de ses gains à ses mécanos. Aujourd'hui, IKEA redistribue à ses salariés les gains d'une journée de son chiffre d'affaires appelée « journée des employés ». Tout le monde trouve ces idées intéressantes voire normales. Et pourtant, on ne voit pas vraiment se concrétiser de formes concrètes et motivantes d'intéressement des salariés. Quelque part la cupidité se combine avec la bêtise pour empêcher ceux qui ont le pouvoir de redistribuer, de voir où est leur intérêt ! La nature humaine est décidément bien peu logique ! S'agissant de rétribution, la confusion d'origine morale du mérite et des performances est une autre forme d'iniquité. Peu me font les vertus de ceux qui s'attaquent à moi s'ils ne me réussissent qu'imparfaitement. Je n 'existe pas d'abord avec du mérite, mais avec de la compétence et de l'intelligence. Ce sont elles qui me feront gagner la guerre. Je n'oublie néanmoins pas que certaines vertus sont indispensables à mon professionnalisme et que le mérite doit parfois être encouragé, seul, parce qu'il marque une volonté de progresser.

10 – J'aime les gens de terrain

Ce sont eux qui savent le mieux ce dont j'ai besoin pour satisfaire ceux à qui je suis destinée. Je regrette énormément l'inflation des troupes d'experts et de professeurs tournesol qui travaillent sur des cartes d'état major sans avoir jamais mis les pieds sur le terrain. La mode puise son inspiration dans la rue ? L'économie aussi, dans les besoins des gens, leurs plaisirs ou leurs rêves. Seuls les gens de terrain savent ce qui est important et ce qui me manque pour remplir au mieux la fonction qu'on attend de moi. Les gens des bureaux m'habillent d'étranges façons, me font effectuer d'étranges figures, me lestent d'étranges parures, pour en oublier souvent la finalité pour quoi j'ai été entreprise. Au lieu de se mettre au service des opérationnels, ils existent souvent pour eux mêmes et pour justifier leur emploi et leurs théories.

11 – Je suis » service – service »

Je n'oublie jamais que j'existe pour simplifier la vie de mes utilisateurs et non la leur compliquer ! Aucun règlement, aucun horaire, aucune règle ne doit me faire déroger à cette idée ! Ceux qui ont besoin de moi doivent toujours se rendre compte que je mets la meilleure bonne volonté à les satisfaire et que je trouverai toujours une solution pour faire avancer leur problème même si je n'ai pas les moyens de le régler immédiatement.

12- J'aime la transparence.

Peu de choses me concernant appartiennent au secret. Dire la vérité à mon sujet est la meilleure manière de me corriger. Je n'arrive pas à comprendre tous ces secrets de polichinelle que l'on s'évertue à construire autour de moi ! Je ne comprend pas plus qu'on ose parler autant de communication et qu'on soit si peu transparents ! La raison en est sans doute une fausse idée du pouvoir et un manque certain de courage. « Dire, sans détours et sans hypocrisie, pourquoi l'on m'a décidée », est souvent la meilleure manière de se mettre en bonne position pour me négocier face à des interlocuteurs hostiles ou méfiants. C'est pourquoi je n'apprécie pas non plus ces procédés de gouvernement qui, pour éviter « de faire de la peine », tournent cent fois leur langue dans leur bouche pour éviter de parler de « mon état ». Sur le coup, ça fait pas mal et ça arrange bien le porteur de mauvaises nouvelles ou de décisions difficiles. Mais, les chiffres finissant toujours par se venger, la vérité finira par apparaître et fera cent fois plus mal à ceux à qui on a menti. Ne pas les croire capables d'entendre la Vérité est se moquer d'eux. Les anesthésiants font du bien à l'hôpital, ils font du mal dans l'Entreprise !

13 – J'aime l'humour et la décontraction

Visages fermés et cols empesés m'empêchent de me réaliser dans de bonnes conditions. J'aime ceux qui me font en s'amusant sérieusement, ceux qui me blaguent avec professionnalisme. Suis-je donc aussi désagréable, aussi vertueuse, aussi aristocratique, pour que l'on me balance des « vous » à tout va, et me traite comme une vieille comtesse décatie ? Je suis tout le contraire : primesautière et enjouée. C'est pourquoi je réserve souvent mes meilleurs effets aux équipes « qui ne se prennent pas la tête », et prennent leur pied avec moi !

14 – Je me méfie des grands affectifs …

Surtout quand ils sont Managers. Tout à leurs états d'âme, ils en oublient de me traiter avec raison et me causent beaucoup de tort. Je me méfie d'eux parce qu'ils confondent gentillesse, fidélité, justice, avec compétence, indépendance et équité. Ils ne discernent pas les vertus des performances et acceptent donc qu'on me fasse à peu près, parce qu'on a beaucoup peiné pour me faire, ou que mon auteur avaient plein d'excuses de me mal faire. Mais moi, je n'exige pas des pleurs ni des excuses, mais seulement le professionnalisme qui me rendra parfaite. Les salariés latins sont aussi coupables, qui souvent, préfèrent les Patrons gentils aux Patrons exigeants. Je me méfie tout autant des Patrons qui ne travaillent qu'avec leur hémisphère gauche, celui de la raison froide, et qui oublient que la qualité de la relation humaine , bien dosée, et combinée avec le professionnalisme, produit les meilleurs résultats. En fait, je ne me construis bien que dans l'équilibre du cœur et de la raison. Je constate néanmoins que la stratégie de la contrainte, à court terme, a beaucoup plus de chances de me réaliser dans de bonnes conditions que la stratégie de l'indulgence. C'est regrettable peut être, mais c'est ainsi !

15 – Je ne suis pas Gallo – centrique

Je réserve mon goût pour les gauloiseries aux lectures de mes loisirs : Astérix et compagnie. Je suis une bonne copieuse. J'adore être le résultat d'une idée piquée aux meilleurs et enrichie d'un zeste de cette ingéniosité française qui nous sert de génie national. Aussi je ne comprends pas cette enflure que pousse tant de Patrons et de salariés à se prétendre les champions de ceci ou de cela. C'est souvent la plus belle preuve de leur ignorance et d'un orgueil mal placé qui les aveugle. Au lieu de dépenser tant d'énergie à réinventer ce qui existe déjà ailleurs et souvent en mieux, je préférerais qu'ils placent leur énergie à meilleur escient.

16 – Je suis avisée et ne confond jamais quantité et qualité

Quelle est cette survivance qui vous fait croire qu'en me travaillant longtemps et tard, on me travaillera mieux ? Ainsi vont les horaires de beaucoup de cadres et de patrons, en France. Pourtant, il ne faudrait pas croire qu'en m'abandonnant sans scrupule après 35 heures, on s'en tirera mieux avec moi. Simplement, on doit me consacrer le temps qui m'est nécessaire pour exister correctement et remplir ma fonction. Ni plus, ni moins. Il suffit de s'attacher aux opérations incontournables et délaisser les autres, souvent très futiles. Et d'abord laisser à chacun la part qui lui revient, sans vouloir se mêler de tout ! La sagesse commande de dire qu'il n'y a pas vraiment de problèmes d'horaires, il n'y a que des problèmes de « sens ». Ceux qui n'en trouvent pas dans leur travail, travailleront toujours trop ! Ceux pour qui je remplis la vie, ne se lasseront jamais de moi et devront se faire violence pour penser à leur compagne et à leurs enfants.

17 – Je ne suis ni rêveuse, ni romantique,

...ni n'apprécie beaucoup la philosophie et autres prétendues sciences qui ne pensent qu'à me comprendre avant que de me fabriquer ! Je ne suis même pas sûr d'être toujours très morale. J'ai les pieds sur terre et n'apprécie rien plus que l'intelligence des pragmatiques, de ceux qui consacrent leur énergie à me commencer avant même d'être sûrs qu'ils aient raison de me faire, et bien avant ceux qui ont besoin d'écrire un traité sur moi avant même que j'existe, de me discuter en d'interminables rondes d'où ne sortent que le doute et mille raisons de me retarder et de ne me faire qu'au centième de ce qui était prévu. Je suis pressée et n'attendrai jamais que vous soyez prêts à me faire, car quand vous serez prêts, moi, j'aurai déjà été faite ailleurs par quelqu'un d'autre ailleurs, qui, lui, n'avait pas vos scrupules et était déjà préparé à me faire.

18 – J'aime l'organisation

Car je sais qu'une bonne organisation permet seule aux salariés de travailler en qualité et sécurité. Les Entreprises anglo-saxonnes, si critiquées, offrent un confort de travail sans pareil par rapport à nombre d'entreprises latines où l'on croit que les bonnes relations suffisent à rendre le salarié heureux. Pas de professionnalisme possible sans une excellente organisation. Cela demande de la rigueur, de la simplicité et de l'exigence !

19 – Enfin, j'existe pour un but précis, un résultat,

...et n'ai de cesse d'atteindre l'objectif que l'on m'a fixé. C'est au cocher de prévoir les chevaux et les équipages qui me sont nécessaires pour arriver à destination, d'atteindre le résultat, sans sacrifier la troupe, mais sans, non plus, se ligoter de mille considérations annexes qui l'empêcheront de me faire dans les temps et délais et comme il faut !

L'action du DRH

Les entreprises françaises sont souvent des bureaucraties affligeantes (c'est le propre de toute entreprise atteignant une certaine taille).

- Relisez le livre de H.Mintzberg sur la théorie et dynamique des organisations.

- Essayez de mettre à l'ordre du jour un séminaire de direction sur le thème de l'action dans l'entreprise, c'est à dire la manière dont les gens agissent

- Vous pouvez, à l'exemple de *Jack Welsh,* ex patron de Général Electric, demander aux gens de travailler en petits groupes sur tous les freins qu'ils rencontrent pour agir au quotidien.

- La suite du séminaire supposera une réponse du DG à chacun des obstacles énumérés. Ce genre de séminaire, hygiène indispensable pour assainir le fonctionnement de l'organisation et la rendre réactive, est hélas exceptionnel dans une entreprise. Raison de plus pour essayer !

Qu'est ce qu'une bonne négociation sociale ?

Contrairement à ce que l'on croit souvent, le must d'une bonne négociation ne consiste pas à avoir tout prévu à l'avance, au millimètre près, et de la faire arriver, comme un satellite sur son orbite, là où on avait prévu d'arriver.

Une bonne négociation est une négociation qui ouvre un espace inconnu à l'intérieur d'un cadre.

Le cadre, c'est la frontière de ce que l'on ne doit pas accepter ; l'intérieur du cadre, c'est l'inconnue du point d'arrivée. Cet inconnu est indispensable si l'on veut se donner le maximum de chances d'aboutir. C'est l'espace de l'imagination. C'est aussi l'espace du respect de l'autre. Car si je sais dès le départ là où je vais arriver, les discussions que je vais conduire ne sont que manipulations et simagrées ! Une bonne négociation requiert du temps et de la patience. Mais là où il y a une volonté, il y a toujours une voie ! Elle a plus de chances d'aboutir si les interlocuteurs se connaissent, car chacun, en France, pays d'idéologies, prête souvent à l'autre les pires manipulations. Elle a plus de chances d'aboutir si les interlocuteurs s'estiment honnêtes et sincères, car rien n'est possible sans un minimum d'estime réciproque.

Quelques principes permettent de vous faire reconnaître comme un interlocuteur crédible dans les relations sociales

Attention, le travail de négociation commence bien avant la négociation. Votre crédibilité se crée tous les jours en fonction des actes que vous posez. On vous observe. Ces principes sont destinés à vous aider à prendre les bonnes décisions au jour le jour autant qu'à négocier.

1 – Savoir reconnaître qu'on a eu tort ou qu'on s'est trompés n'est pas une faiblesse, c'est une preuve d'honnêteté.

2 – Ne soyez pas trop prudent Sachez prendre des risques avec ce « drôle d'animal » qu'est l'Homme. Trop de prudence est souvent assimilé à de l'hypocrisie ou du mensonge. Ayez le courage de dire ce que vous pensez vraiment, avec votre coeur et avec sincérité. Vous verrez qu'on vous saura gré d'avoir eu le courage de dire ce que vous estimiez être la vérité.

3 – Savoir détendre l'atmosphère en maniant l'humour, et la simplicité, est un plus.

4 – N'hésitez pas à invoquer l'équité pour fonder les décisions à prendre. L'équité est un meilleur guide que la justice quand on cherche à dénouer les situations.

5 – Ne faites pas supporter à un salarié une erreur commise par l'administration de l'entreprise ou la DRH.

6 – Adoptez des positions de bon sens, qui sont souvent des positions raisonnables. Le raisonnable éloigne du conflit.

7 – Avant de décider, posez vous la question de savoir si seriez en mesure de pouvoir défendre vos positions publiquement, sans avoir à rougir. Si vous répondez par l'affirmative, c'est le signe que votre décision est forte. A l'inverse, ne pas se sentir capable de la défendre devant n'importe quel interlocuteur est souvent le signe de sa faiblesse.

8 – Tenez toujours vos engagements et ceux des personnes qui dépendent de vous ou qui se sont engagés pour l'entreprise.

9 – N'adoptez pas de positions qui correspondent à celles que l'on applique d'habitude si l'habitude n'a pas d'autre fondement valable que sa répétition.

10 – Ne soyez pas un homme de calcul. Vos armes principales sont votre sincérité et votre authenticité. Contrairement à ce que certains recommandent ! Machiavel n'est pas un bon maître, pas plus que cet esprit malin qui vous pousse à la manigance…

11 – Oser dire ce qui est raisonnable et ce qui ne l'est pas.

12- Positionnez vous toujours comme un homme cherchant le juste, le vrai, et le raisonnable.

Quels types d'hommes faut-il recruter ?

Le recrutement est un champ d'action stratégique pour le DRH, on l'a vu à propos des managers. Il l'est tout autant pour les autres salariés. Je parle, à dessein, des types d'hommes à recruter, parce que, selon nous, la personnalité prime la compétence. S'il ne s'agissait que de comparer des compétences sociales ou relationnelles d'un côté et des compétences professionnelles ou techniques, de l'autre, on pourrait discuter de l'importance respective des unes ou des autres. Dans les métiers de contact, il est clair que les compétences relationnelles, très influencées par la personnalité, sont premières; dans les métiers très techniques ou les activités de recherche, sans dimension sociale ou managériale forte, il est clair que ce sont les compétences professionnelles qui priment.

Mais la personnalité est première parce que nous parlons de bien plus que du savoir faire.

Les entreprises ont surtout besoin de professionnalisme et donc d'hommes qui ont envie de travailler et qui vont jusqu'au bout de la tâche. C'est ce qu'on appelle des professionnels. Le compétent sait faire, le professionnel, lui, sait faire mais, en plus, il s'engage à faire. La différence est de taille.

La question devient donc : comment fait-on pour recruter des gens qui s'engagent, des professionnels ?

Le sens du devoir, la conscience professionnelle, l'esprit de responsabilité, peu importe les mots, sont empruntés à des modèles d'action et de comportement perçus par le futur professionnel pendant sa jeunesse et son adolescence. Parents, enseignants, personnalités admirées, théories, religions ou concepts prônant certaines conduites morales, ont contribué à construire cette implication chez le futur recruté. Cette capacité à assumer existe aussi parce que le professionnel l'a éprouvée lors de certaines expériences fortes de vie en groupe (engagements dans une ONG, une association, internat, scoutisme ..). Cette éducation fait que, quelle que soit la tâche, plaisante ou non, et les conditions de l'action, même difficiles (température, patron pas commode, client exigeant...),le professionnel fera, tandis que le compétent aura lâché prise depuis longtemps. Certaines entreprises obtiennent, par effet de pression hiérarchique et contrainte, que les salariés s'acquittent exactement de la tâche demandée. Ce professionnalisme contraint ne peut constituer un objectif. Conclusion, l'objet de l'entretien que je vais conduire avec le candidat consistera à vérifier si la personne que j'ai devant moi a pu être amenée, à un moment ou à un autre de sa vie antérieure, à rencontrer des modèles de comportement qui l'inciteront à se comporter de manière aussi exemplaire par la suite. L'avis complémentaire d'un expert est de ce point de vue plus que conseillé.Il faudra le choisir pour sa qualité à comprendre les métiers et la culture de l'entreprise et sa capacité à travailler de manière étroite avec vous. Consultation du diplôme, des expériences professionnelles, tests pratiques ou théoriques, suffisent à régler les interrogations sur la compétence. Bien entendu, vous gagnerez à recruter chaque année, par l'apprentissage, un certain nombre de salariés. L'apprentissage reste l'un des plus sûrs moyens de former des professionnels.

Le recrutement est le domaine dans lequel vous vous tromperez le plus facilement.

Aussi, cette opération doit elle être concertée étroitement avec le client opérationnel, le conseiller en recrutement et vous. Afin d'être sûrs que le nouveau recruté se comporte en bon professionnel, je vous conseille fortement de mettre sur pied un séminaire d'intégration d'une semaine. Pendant cette semaine, il découvrira l'entreprise, ses métiers, son fonctionnement. Il enregistrera ce que l'entreprise lui doit, mais aussi ce qu'il doit à l'entreprise, en terme de niveau de qualité et de service. Cette exigence devra être entretenue, au jour le jour, par son management. La pratique US du « one minute management » permet d'agir de manière adéquate dès qu'il y a eu prétexte à féliciter ou réprimander le salarié. Un autre moyen consiste à élaborer, pour chacune des tâches dont il est chargé, la check list des opérations à effectuer, dont il doit s'acquitter obligatoirement, pour satisfaire, le niveau de professionnalisme requis. Si je prends l'exemple du recrutement, le rôle de la procédure de recrutement va consister à définir les étapes du processus et leurs acteurs. Chacun d'entre eux verra donc apparaître, dans sa définition de fonction, sa contribution au process recrutement. Le rôle de la check list consiste à préciser toutes les opérations que l'acteur « A » aura absolument à effectuer dans le cadre de sa contribution au recrutement. La procédure est transverse par rapport aux contributeurs, la définition de fonction est transverse par rapport aux missions de l'intéressé, seule la check list des opérations par tâche définit avec suffisamment de finesse les exigences attendues. Elle est opérationnelle et impérative quand procédure et définitions de fonctions sont finalement informatives et référentielles. A l'issue de la période d'essai : en cas de doute, il faut toujours s'abstenir !

Dernière recommandation : le clonage tue la créativité. Essayez de ne pas cultiver la monoculture. Variez les profils scolaires, les expériences, les âges.

L'entreprise multiculturelle est d'abord faite du mélange des profils recrutés, avant de parler d'internationalisation ! A petite dose, prenez le risque d'embaucher quelques atypiques. Détenteurs d'un grain de fantaisie, mais aussi, souvent, d'un talent particulier, ils apportent à nos organisations formelles et classiques, la bouffée d'oxygène qui leur manque souvent !

Quelle politique salariale adopter ?

Beaucoup d'entreprises françaises sont passées, en peu d'années, du tout collectif au tout individuel, du tout égalitaire au tout mérite, selon le fameux constat du balancier. En toute chose, il faut raison garder. La même erreur a été commise en appliquant de manière désordonnée et souvent outrancière la gestion par objectifs. « *Profit de l'un, est dommage pour l'autre* » disait Montaigne. Ainsi donc, ayez toujours à cœur de défendre une position raisonnable qui tente de partager le plus équitablement possible, les fruits du travail de la communauté entreprise. Alors, quels principes doivent vous guider quand il s'agit de proposer à votre direction une politique salariale ? Selon moi, trois principes peuvent être pris en compte dans la construction d'une politique salariale :

- Un principe de bon sens (la préservation du pouvoir d'achat).

- Un principe de reconnaissance du travail collectif identifiable.

- Un principe de reconnaissance de la contribution individuelle.

Le premier principe est un principe de bon sens.

Le coût de la vie augmente et entame le pouvoir d'achat des salariés. Sauf circonstances économiques difficiles, on doit maintenir le pouvoir d'achat à tous les salariés. Comme l'entreprise augmente annuellement ses tarifs pour préserver ses marges. On exclura seulement ceux qui ont commis des hors jeux méritant une sanction pécuniaire : les « fumistes» ou insuffisants professionnels notoires, ne faisant aucun effort pour progresser. Cette position apparaîtra ultra sociale à certains (elle était la règle il n'y a pas si longtemps). Mais enfin, comment expliquer à des salariés qu'on ne leur maintient pas leur pouvoir d'achat quand, quels que soient les résultats économiques, les rémunérations des dirigeants fluctuent à la hausse sans poser de dilemme apparent à leurs bénéficiaires. Rappelez- vous : le management est global.

Le deuxième principe est un principe prenant en compte les résultats de l'entité économique où travaille un collectif de professionnels.

Indexé sur un ratio significatif des résultats de l'entité, les salariés de cette entité reçoivent un % d'augmentation qui s'additionne au taux de préservation du pouvoir d'achat. L'entité considérée peut être un service, un atelier, un établissement. Il s'agit de favoriser la coopération et l'effort collectif au sein de cette entité et d'en partager une partie des fruits. Ceci suppose que l'entreprise soit organisée en centres de profit partout où c'est possible. L'intéressement légal est censé jouer le même rôle, mais appliqué en général à des ensembles trop importants, l'effort collectif s'y dilue ; la contribution de l'individu ou du groupe n'est pas identifiable et fait perdre son sens à la « récompense ».

Le troisième principe est un principe de performance individuelle et d'équité :

Personne ne travaille « comme » un autre. Et donc personne ne « mérite » comme un autre. Il s'agit donc d'associer aux taux d'augmentation causé par la préservation du pouvoir d'achat et celui fonction des résultats de l'entité, un bonus individuel associé aux résultats et comportements des individus, sur la période écoulée. Je parle bien des comportements et pas seulement des résultats ou des performances. Car le professionnalisme est fait de comportements personnels et professionnels, face au travail, au client, aux collègues, au responsable. Quitte à m'attirer les foudres des experts en évaluation.

Qui fait quoi ?

Le DRH et sa direction fixent le cadre de cette politique salariale. Le DRH communique le pourcentage destiné à préserver le pouvoir d'achat. Le Responsable du centre de profit et le contrôle de gestion fixent le pourcentage d'augmentation accordé au collectif de professionnels concerné, fonction des résultats de l'entité considérée. Le Hiérarchique fixe le bonus individuel. Ce bonus, d'application simple, pourra consister en une matrice fournie par la DRH, croisant le niveau de performance de l'intéressé et son niveau de salaire. Les valeurs d'augmentation maximales correspondent au meilleur niveau de performance et à la tranche de salaire la plus faible. Le DRH doit « vendre » ce dispositif aux partenaires sociaux et leur présenter en NAO les modalités, chaque année.

Conclusion : ce dispositif salarial est une fusée à 3 étages.

Le premier étage est un taux d'augmentation qui préserve le pouvoir d'achat et bénéficie à tous. Le deuxième étage est fonction des résultats de chacun des centres de profit de l'entreprise et bénéficie au collectif de l'entité, le troisième étage, enfin, est un bonus individuel. Le même système s'applique à toutes les catégories de personnel, cadres ou non cadres.

Evaluation annuelle et évolution professionnelle.

Soyons clairs, les hiérarchiques ont toujours évalué les hommes qui travaillaient sous leurs ordres, même si cette évaluation était implicite le plus souvent. La prime ou l'augmentation accordée ou non, suffisait au salarié pour savoir si son chef était ou non content de lui. La nouveauté de ces dernières années, en France, est qu'on a décidé de faire de cette évaluation un rendez vous régulier, formel, et mettant l'accent sur les résultats. Ce document est aussi marqué par le souci insistant de faire exprimer au salarié ses souhaits de formation et d'évolution professionnelle. Satisfaire autant d'objectifs à la fois a eu pour conséquence de beaucoup alourdir le processus, et donc de fragiliser sa pérennité auprès d'encadrants qui finissent par trouver ce rendez vous (ces RDV si l'on compte l'entretien de mi année) lourd et chronophage. Mon avis est que cet entretien dévore beaucoup d'énergie pour des sous produits intéressants, mais insuffisants et rarement utilisés par la DRH. Certaines orientations méritent aussi un recentrage.

Voici donc quelques correctifs que je propose d'apporter :

- La page consacrée à l'appréciation de la maîtrise du poste doit faire apparaître le besoin de perfectionnement jugé nécessaire, de sorte que l'on dissocie clairement le besoin de formation exprimé par la hiérarchie du souhait de formation éventuellement exprimé par le salarié. Et éviter ainsi la confusion entre demandes de nature professionnelle et demandes de nature personnelle.

- Les objectifs fixés annuellement (aux cadres notamment) ne doivent pas être supérieurs à 3 et, surtout, ne doivent pas conduire à estomper l'ardente obligation d'avoir à accomplir les missions du poste (dont l'exécution fonde le contrat de travail).

- Les objectifs qualitatifs, comportementaux notamment, ne peuvent pas être exclus au motif qu'ils ne sont pas quantifiables, quand on connaît leur importance. Attention à ne pas aboutir à ce que l'atteinte des objectifs aboutisse à casser l'esprit de coopération.

Il faut profiter de l'entretien pour demander au salarié d'exprimer :

- S'il est satisfait de son travail, de son chef, de son entreprise.
- Une suggestion d'amélioration du fonctionnement du service ou de l'atelier.
- Un souhait de mobilité.

– Un souhait de formation, même non lié directement à son travail(si l'entreprise fait preuve d'ouverture d'esprit sur ce point)

L'imprimé se doit d'être clair, simple et agréable à remplir.

Il faut noter que ce rendez vous annuel est une occasion unique de remettre à zéro le compteur des relations entre le chef et son subordonné, qui a eu à souffrir des petites querelles et malentendus de la période écoulée. Son caractère d'abord convivial et informel doit être préservé par rapport à l'obligation d'avoir à remplir toutes les rubriques d'un imprimé. Ce n'est pas une séance de mortification.

En ce qui concerne les souhaits d'évolution professionnelle,

Je pense que ceci ne peut être sérieusement abordé au cours de cet entretien. Je préconiserais plutôt que cet entretien spécifique ait lieu une fois tous les 3 ans, en collaboration avec un homme des RH (le chargé mobilité/ formation pour les non cadres, le DRH pour les cadres) à l'exemple des « people review » anglo saxonnes. Cet entretien sera d'autant plus riche que vous aurez pris soin de construire des parcours de qualification permettant les évolutions à l'intérieur d'une filière ou entre filières métiers. (voir la Gpec)

L'entreprise idéale

Vous vous demandez peut être quelle entreprise trouverait grâce à mes yeux ? Eh bien, je vais vous le dire !

1 – c'est une entreprise obligée au meilleur, parce que soumise aux lois de la concurrence et du marché.

2 – C'est une entreprise qui a su ménager l'équilibre des pouvoirs : choisir un DG de sensibilité humaniste et courageux, capable de convaincre le Président et les administrateurs que l'éthique des affaires commande de ne pas traiter les hommes comme un troupeau, dans les Entreprises de profit. Choisir un DG plutôt entrepreneur, bon organisateur et excellent manager, et non d'abord politique ou technocrate, dans l'entreprise publique pour les mêmes raisons d'équilibre des forces

3 – C'est une entreprise qui peut pratiquer un management libérateur c'est çà dire : lignes hiérarchiques courtes, délégation forte, management participatif, parce qu'elle a pris soin de ne recruter que des professionnels et de ne faire aucune concession à la médiocrité.

4 – c'est une entreprise qui pratique réellement le partage du savoir (rôle formateur de l'encadrement, tutorat) de l'avoir (actionnariat, participation, intéressement au résultat) et du pouvoir (micro entreprises, délégation) et non quelques artifices destinés à donner le change !

5 – C'est une Entreprise qui veille à concilier ses intérêts et ceux de ses salariés en faisant des arbitrages intelligents

6 – C'est une Entreprise forcément performante parce qu'elle possède au plus haut niveau une culture forte de l'exigence.

7 – C'est une Entreprise où la tolérance autorise la franchise et la transparence dans les communications, et dans laquelle on veille à préserver une éthique qui ne dégrade pas les comportements humains.

8 – C'est une Entreprise imaginative et libérée de ses peurs, où les patrons ont compris l'intérêt de faire acte d'innovation à tous niveaux, y compris en matière sociale, d'utiliser la valeur ajoutée syndicale lorsqu'elle est positivement orientée. Une entreprise où les salariés ont compris l'intérêt de choisir leurs représentants parmi les meilleurs d'entre eux.

9 – C'est une entreprise où les DRH s'occupent enfin de l'essentiel : le bonheur des gens au travail et son adéquation avec les impératifs d'efficacité de l'entreprise.

Liberté, justice, vérité, respect, exigence, imagination sont les maîtres mot de cette entreprise, et le garant de sa paix et de son ordre.

Footballers et managers, même culture ?

A ceux qui en doutent, le management est bien un phénomène culturel. Quelles que soient nos activités, notre culture inspire notre sens de l'action et de la relation. La comparaison de la manière dont les équipes de football se comportent sur le terrain, selon qu'elles sont d'origine latine ou anglo-saxonne, est pleine d'enseignements et nous en dit, indirectement, beaucoup sur la manière de manager des latins

Ainsi donc le fameux jeu latin présente les caractéristiques suivantes :

- Il est esthétique.
- Il est compliqué à souhait.
- il est perfectionniste.
- il a de la peine à être efficace.
- il est inconstant.

Mais il peut gagner ! Italiens, français, espagnols se sont tous distingués dans les compétitions européennes et mondiales y compris lors de l'Euro 2008. Mais le problème du football latin est qu'il peut être aussi brillant qu'il est inconstant. Or l'entreprise se nourrit de professionnalisme c'est à dire d'une qualité constante dans le produit ou le service.

Le jeu anglo-saxon, par opposition, est :

- Technique
- Direct et simple
- Efficace
- Régulier
- Rapide

Mais il peut perdre. Le Barça de Barcelone et le Real Madrid son régulièrement en tête des grandes équipes européennes.

Comment l'expliquer ? Les latins, s'ils prennent soin d'être aussi rigoureux que les anglo-saxons, ajoutant la précision à leur inspiration, sont les meilleurs du monde.

Manager, homme de bien ou de bonne volonté, honnête homme.

L'Homme de bien.

Cette expression, un rien désuète, entendue dans mon enfance, nous entraîne très loin en arrière. L'homme de bien qu'on m'a appris à connaître, c'était celui qui réunissait toutes les vertus : il était bon père et bon mari. L'homme de bien donnait aux pauvres. L'homme de bien « arrangeait les choses » dans un conflit de voisinage. L'homme de bien était modeste. L'homme de bien « faisait le bien » sans en tirer gloire. L'homme de bien brillait plus par ses vertus que par ses performances. Ce qu'on remarquait chez lui et qui en faisait un modèle, ce n'était pas ses études brillantes, ni sa position sociale, ni l'épaisseur de son compte en banque, ni le nombre de ses employés, ni sa proximité avec les Grands et les Puissants. Son veston n'était orné d'aucune médaille. L'homme de bien mourait sans bruit entouré de ses proches après avoir vécu une vieillesse silencieuse et attentive aux autres. Mais l'une de ses vertus semblait prédominer sur les autres : la générosité. Être un homme de bien consistait surtout à aider les autres quand ils étaient dans la difficulté.

L'homme de bonne volonté.

L'homme de bonne volonté se remarque moins par sa générosité que par sa capacité à être un facilitateur. Quel que soit le problème posé, l'homme de bonne volonté réagit de sorte que tout soit fait de sa part afin qu'une solution équitable soit trouvée. L'homme de bonne volonté est un médiateur idéal. Si tous les négociateurs étaient dans la disposition d'esprit de l'homme de Bonne volonté, tous les conflits trouveraient aisément une solution. L'homme de bonne volonté est un semeur de paix.

L'honnête homme

Selon Wikipedia », l'honnête homme est un être de contrastes et d'équilibre. Il incarne une tension qui résulte de cette recherche d'équilibre entre les exigences de la vie et celles de la pensée, entre les vertus antiques et les vertus chrétiennes. Il lui faut fuir les excès, même dans le bien. En un mot, il est un idéal de modération et d'équilibre dans l'usage de toutes les facultés. L'honnête homme est un généraliste. Il s'oppose ainsi au « spécialiste » (en grec, idiôtès: celui qui s'enfermant dans un savoir unique, devient stupide, idiot). Cette conception de l'Honnête homme renvoie au principe de Montaigne voulant qu'il est préférable d'avoir «*la teste bien faicte que bien pleine*».

En regardant la coupe d'Europe l'autre soir, j'ai vu bien peu d'honnêtes hommes et beaucoup de tricheur. Chacun, tour à tour, tire ou pousse, accroche ou crampoche, simule et gémit fort. Quelle que soit le pays, l'équipe ou l'arbitre, il semble que la triche ordinaire fasse partie du jeu. La seule chose qui compte c'est de marquer et de gagner par tous moyens. Si les footballeurs sont des modèles, notre conception du monde et de la morale a bien changé.

Dans les entreprises, il y a-t-il une place pour les hommes de bien ou de bonne volonté, pour les honnêtes hommes ?

La pression de l'intérêt, pas seulement financier, pousse tout le monde à ne pas se comporter en honnête homme : je dis tout le monde car on jette souvent l'opprobre sur les Dirigeants, mais 35 ans d'entreprise m'ont appris que tout le monde croquait de la triche pour son intérêt, quels que soient les secteurs, public ou privé, et les hommes, managers ou salariés, syndicalistes compris. Mais c'est aux managers que nous nous intéressons ici. Les comportements observés les éloignent souvent du modèle de l'honnête homme :

- Remonter des résultats déjà confortables en réduisant de manière drastique la masse salariale par licenciements ou augmentations pesées au trébuchet.

- Sacrifier ses subordonnés ou l'intérêt général, en concédant sans justification à des syndicats, pour éviter un conflit préjudiciable à sa carrière,

- Passer du temps et consacrer les moyens de l'entreprise à se faire une image flatteuse auprès de l'environnement,

- Faire porter le chapeau de ses échecs à ses subalternes, les humilier si nécessaire,

- Sacrifier les exigences du professionnalisme pour arranger la situation de salariés qui disent du bien de vous, ou vous rendent « des services ».

- « Saquer » ceux qui vous ne plaisent pas.

- Faire la chasse aux syndicalistes.

La liste est longue. L'entreprise, me direz vous, est faite pour promouvoir les performances, pas les mérites ! Car beaucoup méritent mais présentent un faible résultat. j'ai d'ailleurs souvent remarqué que la nature avait si bien fait les choses que les vertueux et méritants étaient souvent peu performants et les performants souvent peu vertueux. Dieu y retrouvera les siens. Pourtant, science sans conscience n'est que ruine de l'âme. A force de sacrifier les moyens au résultat, tout y passe : votre dignité, celle que vous devez aux autres, une certaine idée que vous vous faites du sens de votre existence, tout simplement ; car vote courbe de vie ne rejoint pas celle du cash flow ; à un certain moment, elles se séparent. Elle demeure, vous partez. L'homme de bien ou l'honnête homme d'aujourd'hui, devenu manager, saurait concilier ce qui appartient à César et ce qui revient à Dieu

L'action du DRH :

Ce monde n'est pas fait pour les niais. Néanmoins, il n'est pas vrai qu'un DRH ne puisse jamais faire quelque chose qui aille dans le sens du vrai, du juste, de l'équitable. Des occasions multiples, petites ou grandes, vous sont toujours données. A vous de les saisir avec le pouvoir dont vous disposez. A vous d'influencer les autres pour que ce monde soit un peu moins cynique.

Ce qu'on appelle « évolution » est souvent une réforme avortée

Réforme ou révolution ? Depuis 1789 et Mai 68, la rupture donne des cauchemars aux décideurs. La « fuite » de De Gaulle en Allemagne comme celle du Roi à Varennes ont définitivement marqué l'imaginaire de tous ceux qui ont à affronter des décisions difficiles. J'ai été très frappé, lorsque je suis arrivé dans une des entreprises où j'ai travaillé, de culture US, combien la peur et l'auto intox frappaient l'esprit des managers français !

Les exemples de situations où les dirigeants ayant à décider, se créent des peurs imaginaires sont innombrables.

Situation typique : si nous prenons cette décision (celle qu'il faudrait prendre, en réalité) :

- les syndicats vont se mettre en grève !

- le syndicat CGC ne signera pas le prochain accord.

- le siège ne va pas être content.

- Monsieur Dupont va démissionner.

- Monsieur Richard va être obligé de quitter le poste qu'il occupe depuis 10 ans.

Résultat : on prend une mauvaise décision pour s'éviter un inconvénient qui n'a pas d'importance ou qui en présente moins que celui de prendre une mauvaise décision ; parce que, finalement , est-ce si grave :

- si les syndicats se mettent en grève ?

- si la CGC menace de ne pas signer ?

- Que le siège soit momentanément froissé ?

- Que monsieur Dupont démissionne ou que monsieur Richard soit mécontent ?

La peur du dommage collatéral empoisonne le processus de décision de nombre de managers français.

Si le même état d'esprit avait habité les chefs militaires alliés, le débarquement du 6 juin 44 n'aurait jamais eu lieu ! Ce même état d'esprit, peureux, habite nombre de dirigeants, quand il s'agit d'entreprendre de vrais réformes. Résultat : on réformette, on évolutionne, on compromise, on coupe la poire en deux, on tronçonne, on délaye, et finalement, le bateau, qui n'a pas viré assez vite, pour ne pas chahuter ses passagers, ne peut éviter le quai et les traumatise pour de bon, cette fois !

Le compromis, en France, est devenu le mètre de toute bonne négociation.

Ceci est souvent la bonne solution, quand le rapport des forces y oblige. Ceci est toujours mauvais quand des principes forts sont en jeu : l'esprit d'équité par exemple ou l'intérêt général. Ceci est toujours mauvais quand la maison brûle et que le compromis revient à arroser l'incendie sans prendre les moyens de l'éteindre !

Je lis et j'entends souvent qu'il faudrait préparer le changement

Mais c'est oublier que souvent le changement est si rapide qu'il ne nous donne pas le temps de nous préparer ! Surtout la concurrence est devenue si intense que le temps perdu par vous bénéficie forcément à un concurrent plus rapide ! Les révolutions lentes, idéales, car le changement se produit sans traumatisme pour ceux qui sont concernés, n'existent pas. Les changements se produisant dans ces conditions ne sont pas des vagues, au mieux des vaguelettes. En France, trop de monde se félicite sans cesse du changement qui ne mouille personne. C'est une illusion collective, une démission partagée. Certains repreneurs d'entreprise savent conduire un vrai travail de réforme. Ils le font parce qu'ils savent vraiment prendre les moyens du changement qu'ils visent, que les salariés et les syndicats connaissent clairement l'enjeu. Mais pour que les salariés admettent le changement et les remèdes de cheval qui vont souvent avec, encore faut-il leur dire la vérité sans fard et avoir le courage de mettre son mandat ou son plan dans la balance. C'est parce qu'on n'ose pas assez que le changement échoue.

L'action du DRH

Le DRH est en général l'homme du compromis. Mais le compromis n'est pas cette opération qui consiste à tout diviser par 2 de sorte que la soupe n'ait plus aucun goût. Le compromis est bon quand il ajoute ; il est mauvais quand il retranche. Un compromis à valeur ajoutée est un compromis qui reprend les meilleures propositions des deux parties. Un compromis retranché ou à valeur diminuée est un compromis qui enlève toute sa force au changement et donc tout le progrès qu'il emportait avec lui. Dans ces cas là, autant ne rien faire ! C'est votre rôle de savoir vous retirer d'une négociation, si elle aboutit à une décision sans valeur ajoutée

Peut-on être cadre et libre ?

Drôle de question ! Et pourtant ; quand on regarde vraiment le quotidien des cadres et des salariés, de quelle liberté disposent-ils vraiment ? Les définitions de poste précisent, souvent par le menu, ce que vous devez faire. Combien renseignent sur votre marge de manœuvre ? C'est-à-dire

- Qu'est ce que je peux vraiment faire seul, sans demander l'autorisation à quiconque ou informer quiconque ?

- Qu'est ce que je peux faire en informant à posteriori ?

- Qu'est ce que je peux faire en informant à priori ?

- Qu'est ce que je peux faire en demandant l'autorisation ?

- Qu'est ce que je ne peux absolument pas faire ?

Cette réalité se découvre au coup par coup, de manière très décousue, et très subtile, au fur et à mesure de votre «vieillissement » dans l'entreprise. Dans la plupart des cas, on apprend très vite que ses marges de manœuvre sont très mesurées voire infimes. Bien sûr, certains secteurs sont plus verrouillés que d'autres : la fonction publique, les banques, les assurances, toutes les grandes bureaucraties en général. Le BTP, la grande distribution, les PME/PMI, les transports routiers, le bâtiment, par exemple, donnent de plus grands espaces à leur personnels, parce que la profession impose d'agir vite. Bien sûr certains postes de managers, décentralisés dans des unités moyennes ou petites, loin du siège, profitent d'un peu plus d'air...Bien sûr, les entreprises de culture anglo-saxonne pratiquent la responsabilisation par le résultat et le management d'un centre de profit (mais le plaisir en est souvent gâché par un reporting pesant)

Mais combien d'organisations françaises ont sincèrement épousé la logique de la gestion «au résultat » ?

Elles préfèrent se délecter de l'administration d'objectifs savamment pesés, respectant religieusement le trop fameux S.M.A.R.T*, plat de résistance de l'ennuyeux entretien annuel. On est encore largement dans la logique de l'autorisation de faire au coup par coup, dans le cadre de budgets pré définis et sous le contrôle omni présent des contrôleurs de gestion, du contrôle interne, du contrôle qualité. La liberté expire quand le contrôle empire. Quoiqu'on dise, le siège reste le seul et unique centre de pouvoir, le «Tais toi et bosse» : le principal commandement. Des consultants s'essayent régulièrement au jeu de la liberté dans une soirée décontractée avec le patron : les imprudents qui se sont risqués à croire à l'extinction de la censure en sont pour leurs frais, le lendemain....On peut tout dire, sauf ce qui déplaît au patron ! Paradoxalement, les directions d'entreprise continuent à croire aux vertus du projet d'entreprise. Mais le projet d'entreprise ne s'adresse qu'à des hommes libres, considérés comme des partenaires à part entière et non comme des serviteurs aux ordres ! Comment, dans ces conditions susciter la créativité qui est la matière première la plus importante de toutes, celle qui nous permettra de retrouver la tête des économies développées ? L'une des plus belles définitions du manager que je préfère est celle ci : le Boss , c'est celui qui permet de faire. Et puis enfin, il faut oser dire que la liberté se paie ; elle se paie partout même en entreprise. Beaucoup de cadres se taisent car ils ont peur des conséquences d'être eux mêmes, sur leur augmentation, leur carrière ou même leur présence dans l'entreprise. Combien sortent des petits calculs pour oser dire : « je ne suis pas bien dans cette boîte là, avec ce chef et ce patron là ; mais j'ose rester moi même ; j'ose dire, même si la fin prévisible de ce processus est mon départ de l'entreprise » ?

L'action du DRH

L'entreprise n'est pas une démocratie ; c'est une organisation hiérarchisée qui a besoin d'ordre pour être efficace. Néanmoins, tout le monde sait que l'esprit d'initiative et de responsabilité ne peut éclore dans un milieu contraint. Il appartient au DRH de plaider pour une répartition équilibrée de l'organisation entre ce qui est nécessaire à l'ordre (qui doit être limité au maximum) et les bulles d'air indispensables à l'épanouissement des talents. Le vrai effort est à fournir du côté de l'éducation des salariés à la responsabilité. Il ne consiste pas à multiplier procédures et règlements.

* SMART : spécifique, mesurable, acceptable, réaliste, défini dans le temps.

Management : pour être un grand chef, il faut devenir petit

J'observe que les phénomènes qui dérèglent le gouvernement de l'Etat sont de même nature que ceux qui dérèglent le gouvernement d'une entreprise.

Si vous avez, à la tête d'une entreprise, un patron autoritaire et directif, ambitieux, plein d'énergie et d'idées, affectif et convivial, brûlant d'impatience de tout faire tout de suite, désireux d'insérer sa marque sur les choses et de se faire aimer et admirer, les phénomènes suivants se produisent :

- Tous les relais censés soutenir l'action du chef, en développant des actions parallèles plus qu'en exécutant l'action du chef, se mettent en roue libre de leur imagination parce que c'est l'idée du chef qui prévaut et ce chef là a toutes les idées : on arrête d'avoir des idées

- Tous les relais se mettent en « stand by de l'action » de peur de commettre un mouvement qui viendrait contrecarrer le dessein du chef et le mettre en colère : on arrête d'agir de peur de faire le moindre mouvement, sans avoir auparavant obtenu l'aval du chef

- Tous les relais se mettent à quêter l'affection du chef, puisque c'est celui qui applique le mieux les désirs du chef et qui parle le mieux, « comme le chef aurait parlé », qui est préféré à tous les autres. Les flatteurs et ceux qui voient du soleil partout, même par tempête, tiennent le haut du pavé. Eux ont droit aux petits apartés avec le chef, aux petits dîners intimes, au prononcé de leur nom plusieurs fois dans les discours, aux déplacements avec le chef.

- Les cadres rapprochés qui forment le premier cercle (secrétaire général, assistante, DRH, contrôleur de gestion, responsable du contrôle qualité ou du contrôle interne..) et qui ont le privilège d'assister au petit lever, contrecarrent l'action des cadres opérationnels en poste, en tirant leur légitimité, non par leur action ou leur prise de responsabilité, mais par leur proximité au chef.

Dans cette organisation là, très fréquente dans les entreprises, le comité de direction est remplacé par une assemblée de muets ; le corps des cadres par une armée de godillots aux ordres ; le staff du chef par une coterie d'intrigants qui ne pensent qu'à flatter pour gagner le plus d'influence possible

Avoir un chef à la fois charismatique et respectueux des équilibres qui doivent s'établir entre le chef, ses cadres rapprochés et l'encadrement est très difficile

Ou bien le chef est un homme rond, un indécis ou un apôtre forcené du participatif et du consensus mou, et les initiatives, non régulées, fusent dans toutes les directions pour finir en féodalités tenues par des barons locaux. Ou bien le chef écrase tout le monde de son poids et les velléités qui expriment une tonalité différente de celle du chef sont irrémédiablement sanctionnées ou coupées de toute influence du fait de l'éloignement du chef, telles de vieilles maîtresses qui ont cessé de plaire.

L'action du DRH

Dans tous les cas, le chef qui possède caractère et soif d'action sera préféré aux autres. Mais son coach devra entreprendre un long travail de rééducation pour apprendre au chef à se faire violence pour laisser plus d'espace aux autres, accepter les idées différentes de siennes, accepter des modes d'action différents des siens, bref accepter les différences de penser et d'agir de ses collaborateurs pour en faire un plus à laquelle il lui revient de donner du sens et de la cohérence. Ce sont des frustrations que l'Ego du chef rechigne à gérer et qui sont souvent le combat de toute une vie. Peu y réussissent. Mais sachons raison garder : à de grandes qualités correspondent souvent de grands défauts. Alors choisissons nos qualités….

Le pouvoir et les femmes, cadres managers en entreprise

Je sais qu'en abordant ce sujet, je vais provoquer un tollé. Car je ne parle pas ici la langue à la mode et ne respecte pas du tout, non seulement les convenances, mais ce que chacun s'entend à considérer comme une évidence : l'égalité des hommes et des femmes. Mais les 70 printemps que je vais avoir demain et l'absence d'avoir à rendre compte à quiconque, ont rendu ma langue libre ! Lançons nous :

D'après certaines enquêtes, les femmes exerceraient le pouvoir « comme » les hommes. Je ne le crois pas.

Une évidence : pourquoi, puisque nous sommes différents, ne le serions nous pas également dans notre manière de manager ? D'ailleurs, pourquoi faudrait-il toujours que les femmes, au nom d'une égalité mal interprétée, fassent « tout » comme les hommes ! C'est d'ailleurs une chance pour les hommes qu'elles ne soient pas comme eux ! Donc, les femmes, si j'en juge celles que j'ai connues au pouvoir, ne l'exercent pas comme les hommes. Ce que j'en ai vu m'a conduit à pointer :

- Leur sérieux et leur application (face à la légèreté de beaucoup de managers masculins)
- Une goût extrême pour le détail, qui rend difficile leur capacité à penser global.
- La volonté de tout contrôler et donc le peu de marge de manœuvre laissé aux collaborateurs.
- Une nervosité certaine, sans doute provoquée par le stress né de la croyance de ne pas être « à la hauteur ».
- Une difficulté à prendre facilement des risques.

Beaucoup d'hommes aiment le détail et délèguent peu ; c'est d'ailleurs la tare la plus commune des managers français, mais les femmes font plus et mieux que les hommes, en ce domaine

Mais pourquoi sont-elles ainsi ?

Je pense que l'humanité des femmes les porte plus facilement que les hommes à se mêler des petites choses qui font notre quotidien. L'affect est souvent blotti dans le détail comme le crabe dans le rocher. Pour le débusquer, il faut le chasser, s'y intéresser, le cajoler et, par voie de conséquence, se mêler du détail qui fait la vie de vos subordonnés. Ensuite, je pense que le cruel manque de confiance en elles de beaucoup de femmes les incite, par précaution, à tout contrôler et tout vérifier, par elles mêmes, de manière quasi maladive. Et pour cela, elles sont prêtes à allonger démesurément leurs journées de travail et à sacrifier nombre de week-ends. Si demain, les femmes, abordaient l'action sans complexes, et déployaient plus d'esprit d'aventure et de synthèse, nous, les hommes, aurions à affronter des concurrents qui nous laisseraient peu de chance dans la lutte pour les postes de managers !

L'action du DRH

Les femmes ont beaucoup d'atouts et les équipes mixtes sont toujours supérieures aux autres. Les Femmes de caractère, à qui on réserve généralement les postes de direction, ont beaucoup lutté et souvent perdu, en chemin, des qualités de diplomatie Les futures femmes managers auront digéré cette phrase transitoire. Comme les hommes, mais pas plus qu'eux, les femmes ayant toutes les qualités attendues d'un manager sont rares. Proposez leur votre appui, elles l'accepteront probablement plus facilement que les hommes. Et vous risquez d'avoir beaucoup plus de plaisir à le leur rendre.

Petite histoire de la clé universelle en management

Est-ce une caractéristique de l'esprit français ou un effet de loupe dû au phénomène médiatique ? En tout cas, toute ma vie professionnelle, j'ai vu les mécaniciens de l'entreprise me vanter la clé universelle : celle qu'il vous faut absolument posséder dans votre trousse à outils du management de l'entreprise, sauf à être condamné à un irrémédiable déclin ! Le problème est qu'au fil des années, la clé a changé. Dans les années 70, période post soixante-huitarde aidant, la clé universelle était celle des groupes de travail organisés en équipes autonomes. On faisait alors grand cas de Volvo, le constructeur automobile suédois, qui avait supprimé le pilotage hiérarchique remplacé par un animateur désigné à tour de rôle dans l'équipe. Moi-même, j'avais été convaincu par l'Apact, agence rattachée à l'UIMM, de mettre en place, dans mon usine, des Eract, équipes de recherche en amélioration des conditions de travail destinées à planifier spontanément les travaux d'amélioration de la sécurité et des conditions de travail et disposant d'un budget. Et ça marchait très bien ! Car c'était responsabilisant. Une audace que je n'ai jamais retrouvée depuis les lois Auroux de 1982 ont d'ailleurs consacré, dans le même état d'esprit, le droit d'expression des salariés, fameuse idée toujours inscrite dans le code du travail mais jamais appliquée. Trop révolutionnaire et gênant trop de monde : patrons et syndicats confondus.

Au début des années 80, nouvelle clé : les Japonais nous dévoilent les secrets de la qualité irréprochable de leurs produits : les cercles de qualité

Hervé Seyriex devient leur nouveau prophète, un homme de qualité. Tout le monde s'en empare, ça marche fort. Mais comment a-t-on pu faire pour s'en passer aussi longtemps ? Le principe est pourtant simple : ce sont les salariés placés au poste de travail qui ont les meilleures idées pour l'améliorer, avant les bureaux d'études, et gratuitement, en plus ! J'ai moi-même mis en place les premiers cercles dans le transport routier, avec de vrais résultats ! Et puis, et puis, la mode nous en est passée. Pas sa nécessité ! Les Japonais continuent, nous, on est passés à autre chose de plus solide.

La nouvelle clé qui leur succède est celle de la certification qualité

Cette clé fait rapidement des ravages ; le seul management qui vaille est désormais celui de la qualité et toute l'entreprise ne doit plus avoir pour souci que d'élaborer des référentiels qualité, d'écrire des procédures et, bien sûr, de soumettre leur respect à des certifications renouvelables. C'est la fortune de l'esprit procédurier et celui des consultants qualité. Les premiers certifiés en profitent pour le faire valoir auprès des donneurs d'ordres. Maintenant que la moindre PME a gagné chèrement son bac qualité, tout le monde se retrouve à égalité et l'innovation produit va reprendre sa place, j'espère....

Dernier avatar de la clé universelle :

La gestion des compétences. Acteurs publics et pédagogues de tout poil meublant le secteur de la formation, ont trouvé le sésame d'une bonne gestion de l'emploi et de la ressources humaine : la Gpec. La gestion prévisionnelle des compétences devient vite la nouvelle coqueluche des directions du travail, des organismes de formation et des DRH. C'est la nouvelle clé universelle. Malheureusement, elle est d'un maniement délicat : sa dimension prévisionnelle se heurte à l'incertitude économique qui caractérise la vie des entreprises. Alors on baptise sous le vocable de Gpec toutes les initiatives qui s'appelaient avant : mobilité interne, restructuration, reclassement, action collective de mise à niveau. Le mot est nouveau, la réalité qu'elle recouvre et bien connue de tous les DRH et depuis longtemps.....

Mais ce n'est pas grave, trois nouvelles clés s'avancent, pleines de promesses

Le SIRH, la gestion des talents et le développement durable avec la RSE. Le système d'information des ressources humaines est dans le vent et bénéficie de l'aura informatique.Il va permettre de construire de superbes bases de données où hiérarchiques et gestionnaires RH n'auront qu'à puiser pour gérer de manière optimale leur « ressource » humaine ! Or, la gestion humaine est tellement fine et circonstanciée qu'aucun logiciel n'en rendra jamais compte. Savoir retenir les talents semble être devenue le premier souci des DRH, selon ce que je lis. Plus prosaïquement, il s'agit de bichonner le petit pourcentage de cadres classés HP(haut potentiels) pour éviter qu'ils partent à la concurrence. On est loin de l'idée d'intelligence collective et partagée qui fondait les cercles de qualité. L'intérêt est remonté vers la tête après être descendu dans les pieds. On évite ainsi de se poser le souci de bâtir de vrais politiques de motivation et de se poser la question du sens du travail pour les nouvelles générations. Et puis, il est plus intéressant de soigner les chevaux de courses que de se préoccuper des canassons ! La RSE, responsabilité sociale de l'entreprise, est une clé universelle pleine de promesses. Pour l'instant elle n'agite que les rédacteurs de textes et ceux qui font mine de s'inquiéter de l'état du monde. Mais cette clé là, risque d'être d'une application encore plus délicate que la Gpec : le monde étant nettement plus préoccupé de soi que des autres !

L'action du DRH

Méfiez vous des modes. Il ne s'agit pas de refuser les nouvelles techniques ou approches. Mais visez plutôt le travail de fond : celui qui vise à construire un politique humaine et sociale bien structurée, puis à la décliner en objectifs à long, moyen et court terme. C'est moins brillant, moins médiatique mais beaucoup plus efficace !

Violence et efficacité

De toutes les entreprises où j'ai travaillé, je me suis souvent demandé pourquoi la plus exigeante, la plus dure, la moins sociale au sens qu'on lui donne en France, était, de loin, la plus performante? Y répondre, était poser le lien entre violence de l'organisation et efficacité économique. De ces réflexions, de mes comparaisons avec d'autres organisations, j'ai tiré les leçons suivantes :

La première leçon est qu'il n'est pas de performance sans exigence forte et que cette exigence doit être portée par une organisation parfaite. Une organisation parfaite est une organisation qui :

- Sait traiter ses salariés aussi bien que ses clients. c'est à dire les accueillir, les intégrer, les former, les rémunérer comme il convient et leur offrir les perspectives de carrière qu'ils méritent (et pas uniquement celles qu'ils demandent)

- Sait aussi, on l'oublie souvent, leur ménager des conditions de travail et de sécurité « impeccables ».

- Ose avec eux la transparence.

- Ose reconnaître ses erreurs et ses imperfections. Leur met à disposition les meilleurs chefs.

- Ose leur dire ce qui trouble les choix qu'elle doit faire, par exemple entre délocalisation et respect de ses salariés.

- Ose dire « non » à leurs représentants en leur expliquant les vrais raisons de son « non » quand la démagogie les incite souvent à dire « oui », donnant du même coup un vrai poids à ses « futurs oui ».

- Permet l'erreur et pardonne de manière opportune.

Ce n'est qu'en retour de cette excellence de l'organisation que les salariés seront incités à se montrer à la hauteur de l'exigence qu'on leur impose

La deuxième leçon est que cette exigence ne peut être que consentie.

Car cette exigence imposée aux salariés est une vraie violence : toujours faire bien, tout le temps, tout de suite, avec le sourire, avec les autres ! Les légionnaires, comme les sportifs de haut niveau, subissent des violences inouïes de la part de leur chef ou de leur entraîneur. Mais ils y consentent parce qu'ils savent que c'est la seule voie de l'excellence et de la victoire. Comme les étudiants qui préparent les concours des grandes écoles. Comme les Compagnons du Tour de France. Comme certains apprentis de grands restaurants. Mais pourquoi cette violence là n'est-elle réservée qu'à certaines entreprises ou à certaines personnes ? A une élite ? Car le vrai problème de nombre d'entreprises françaises, c'est qu'elles ne disposent plus d'organisations capables d'exiger l'excellence car elles mêmes sont médiocres. Seraient-elles exigeantes que leurs salariés ne sont plus prêts à accepter les efforts et les sacrifices qui vont avec. Notre système d'éducation a enlevé depuis longtemps l'effort, le sacrifice, le sens du devoir, l'exigence du travail bien fait, de ses programmes. Conséquence lourde : la France économique et sociale, globalement, n'est plus en état de se battre dans de bonnes conditions dans l'énorme champ de bataille qu'est devenu le monde de l'économie globalisée et personne ne le dit ! Qui osera, un jour, dire aux français que s'ils continuent à refuser la violence des efforts à produire pour rester compétitifs, ils vont descendre d'une division et quitter le club des pays qui ont un avenir. Mais, pour que cette violence soit acceptée par les français et les salariés, il faut qu'ils se rendent compte qu'on ne leur demande pas de se battre pour une minorité de privilégiés, mais pour eux et leurs enfants. Ceci suppose qu'on commence par faire d'énormes efforts de réduction des inégalités à tous niveaux, y compris entre salariés, en France. La vraie réforme consisterait à redonner aux français l'envie de se battre en les convainquant que c'est à eux que cette violence dans l'effort profitera, au moins autant qu'aux actionnaires, ou à l'Etat et à ses collectivités territoriales gourmandes d'impôts ! Ceci suppose que la bataille pour la vie, « *Struggle for life* », devienne une valeur incontournable qui s'impose de manière évidente à tous dès la crèche. Et qu'on laisse un peu de côté les incessantes jérémiades de toute nature qui sont en train de faire de la France : « un pays mou ».

La première chose consiste à être convaincu qu'il n'y a pas de performance sans exigence. La seconde chose est de savoir que la plus forte des contraintes est celle que s'imposent les individus à eux mêmes. Construire une organisation dont l'exigence est portée par ses membres est un idéal qui passe par l'embarquement de tous les salariés dans le projet de l'entreprise. Ce projet ne peut être une chose abstraite et lointaine, ni même une réalisation exceptionnelle ou une place de N°1. C'est une manière de vivre une relation particulière avec son entreprise, au niveau d'un service ou d'un atelier ; vous l'avez compris, ce projet n'est pas une réalisation, c'est un état d'esprit. Le jour où chaque service, chaque atelier se dépasse dans la réalisation de « son » projet de service ou d'atelier, signifie que le besoin d'exigence de l'entreprise a rejoint le besoin d'épanouissement de ses salariés.

De l'importance d'avoir du style !

Style de management : ensemble de comportements cohérents et observables (façons d'agir et de communiquer) qui se manifestent dans le cadre d'une relation d'autorité ; on distingue généralement les styles autoritaire, laisser-faire et démocratique.

Trois observations managériales sont intéressantes à formuler à propos du style.

L'accessoire du style « mange » souvent l'importance qu'on devrait apporter au fond.

En France, pays latin et méditerranéen, le style entendu comme caractéristique physique ou esthétique observable est important ; probablement plus que dans les pays scandinaves ou anglo-saxons. En ville, l'habillement, la coiffure, la marque des lunettes sont décryptées soigneusement par vos interlocuteurs dans vos rapports au quotidien : aller voir son banquier ou même acheter une simple montre, en jean / basket ou en costume de bonne coupe, ne vous fait pas traiter de la même manière. Dans l'entreprise, votre « style » doit bien entendu s'harmoniser avec la place que vous occupez. Il ne viendrait pas à l'idée à un ouvrier français de porter chemise et cravate sous son bleu. Si vous êtes cadre et encore plus cadre supérieur, s'habiller comme un salarié lambda ou pire, de manière trop décontractée, vous expose encore au regard désapprobateur des salariés. ça dépend des secteurs bien sûr.

Mais le style dépend aussi de caractéristiques qui ne dépendent pas de votre souci de bien paraître ; « Trop petit ! », avait dit, il y a quelques années, Jacques Chirac, à propos d'une personne qui souhaitait prendre de hautes responsabilités dans le parti. En fin connaisseur, Jacques Chirac savait combien sa taille et son allure contribuaient à sa popularité. «*Il représente bien la France* » disait Madame Michu, en voyant Chirac en déplacement présidentiel à l'étranger. Et les journalistes raillaient au quotidien la taille de Sarkozy !

Dans l'entreprise, du recrutement au pot de départ, en passant par des prises de parole diverses et variées, l'allure, souvent liée à la taille et à la corpulence, du cadre ou du dirigeant, augmentent ses chances ou les réduisent. Et les blondes et les beaux, c'est prouvé, sont plus vite embauchés que les autres. Car, comme je l'ai déjà évoqué, la société française est restée très guindée. Au point que je me demande parfois si

Mai 68 est réellement passé par là ! Ceci signifie une chose, c'est que souvent, pour les cadres et dirigeants d'entreprise, l'accessoire de l'allure et du style réduisent souvent l'importance qu'on devrait apporter au fond.

Deuxième observation : il faut posséder » le style qui plaît »

Le dirigeant politique chaleureux, sympathique, et très souvent démagogique, est toujours préféré à celui qui demande du sang et des larmes. Le seul modèle de manager « admis » actuellement en France (et enseigné) ne peut être qu'un homme d'écoute pratiquant le management participatif et la réunion à haute dose. L'homme d'action, direct et souvent peu participatif, qui représente 80% des entrepreneurs qui créent leur entreprise ou gèrent une PME, est *personna non grata.* Ces modèles culturels forts influent probablement sur la relation peu sympathique que les français entretiennent avec le monde de l'entreprise. Ainsi, les patrons, pour s'acheter les bonnes grâces de leurs syndicats et personnels, devraient » se faire pardonner » leur fonction de suppôt du capitalisme, en adoptant un style d'homme conciliant, porté plus que de raison, sur l'écoute et le style démocratique. De la même manière, un manager peu sûr de ses orientations aura aussi tendance à se faire pardonner ses options, en adoptant un style « qui plaît ». En entreprise, j'ai observé souvent que le Dirigeant ou le manager sympathique et conciliant, mais peu performant, était toujours préféré au patron distant et réservé, mais exigeant et performant. Je ne parle même pas du patron directif qui, en France, passe pour un tyran pour les syndicats, les salariés et nombre de cabinets spécialisés en ressources humaines. Dans notre pays, il faut s'y résoudre, » le style qui plaît » est incontournable. Il ne suffit donc pas que vous ayez raison ou que vous preniez les bonnes décisions. Adieu Steve jobs, ce n'est pas dans une grosse entreprise française que vous auriez pu vous livrer à votre management exigeant. Adieu à tous ceux qui sortent du modèle classique appris dans les écoles d'ingénieurs et de commerce. Adieu à tous les inventeurs fous et géniaux. L'entreprise française se passera de vous : l'important, c'est d'être compétent et stylé !

Troisième observation : le style managérial n'est pas qu'accessoire, quand il s'agit de leadership !

Nombre de cadres font de mauvais managers, non pour cause d'incompétence, mais par défaut de possession du style managérial entendu comme un style possédant une forte capacité de leadership. C'est à dire la capacité à entraîner et mobiliser les membres de l'équipe ; c'est à dire la capacité à les embarquer dans l'aventure du projet commun. Cette dimension, hélas, ne s'apprend ni à l'école, ni en stage de formation (ce qui explique peut être le peu de résultat de nombre de formations en management). C'est en raison de cette absence de style managérial, que nombre de managers échouent.

L'action du DRH

Le style entendu comme caractéristique vestimentaire, physique ou langagière, auquel on attribue une importance exagérée est une erreur de jugement et une inversion des valeurs. Le style entendu comme expression des convictions profondes de l'homme et de sa manière d'envisager l'action et les relations est fondamental : de mauvaise facture, il échouera à provoquer l'adhésion. Le DRH doit être l'homme qui fait la part des choses et distingue l'accessoire de l'essentiel en ne laissant pas le jugement s'obscurcir par des considérations sans intérêt quand il s'agit de juger la valeur profonde des hommes et, surtout, des managers. Les entreprises françaises auraient tout intérêt à privilégier la première acception et à minorer la seconde.

Le stress au travail est-il d'origine managériale ?

Les méfaits du stress en entreprise sont d'actualité. 28% des salariés européens disent l'éprouver. (Les Echos du 12/03/ 008). Ce qui est sûr, c'est que le salarié français ne vit pas son entreprise aujourd'hui comme il la vivait en 1970.

5 raisons expliquent, à mon avis, que le stress soit devenu un vrai sujet de préoccupation :

La première tient à la nature des français :

elle a changé : les ruraux habitués au travail dur et aux conditions de travail sommaires, qui avaient rejoint les usines, se sont mués en urbains élevés par des parents sur- protecteurs, soucieux du moindre bobo. Ajoutez à cela une sur consommation de psychotropes et vous avez une population fébrile et nerveuse, mal armée pour supporter les coups durs de la vie.

La deuxième raison tient à la modification de la gouvernance des entreprises françaises :

le licenciement, d'exceptionnel, est devenu un mode normal de management. Les patrons français se sont alignés sur les comportements de leurs collègues anglo-saxons, aidés par des fonds communs de placement, qui possèdent 40% des entreprises du CAC 40. Mais, à leur différence, ils licencient définitivement et pas seulement pour aider à passer une mauvaise passe. Une précarité structurelle a envahi les esprits de tous, y compris des cadres et des dirigeants.

La troisième raison tient à l'instauration de méthodes de travail et procédures de plus en plus rigides et normatives :

ce sont les procédures qualité dont l'approche bureaucratique a installé beaucoup d'agacements et tué autant d'enthousiasme et d'esprit d'initiative ; c'est le rouleau compresseur de logiciels de plus en plus intégrateurs ; ce sont les procédures achat soumises au contesté effet de taille ; ce sont surtout les procédures RH avec l'arrivée des entretiens d'évaluation, des objectifs, des coachs. Ce sont les reportings en tout genre, les tableaux de bord et de suivi redondants. C'est le contrôle interne, les contrôleurs de gestion, les enquêtes diverses et variées, créant autant d'occasions d'inquiétudes.

La quatrième raison tient au changement de style des managers :

des managers, diplômés et souvent jeunes, rompus aux méthodes quantitatives de gestion, ont remplacé toute une génération de « chefs » pas toujours faciles, mais autodidactes souvent, au coeur tendre, pratiquant un accompagnement humain personnalisé, même si on pouvait le taxer de paternaliste. Un management « froid » a remplacé le management « chaud » qui sied beaucoup mieux aux latins. Les fêtes d'entreprise et moments spontanés de convivialité se sont faits beaucoup plus rares et n'ont pas été remplacés par les coûteuses conventions d'entreprise et opérations de sponsoring en tout genre, fort dispendieuses, mais laissant froid le personnel d'exécution.

La cinquième raison tient à une gestion calamiteuse du temps,

...entraînée par les tyrans de l'instant que sont devenus les mobiles, messageries électroniques, et autres intranet. Ajoutés à la spécificité française de la multiplication des réunions et des horaires de travail extensifs des cadres, ces nouveaux outils, censés faciliter la vie au bureau, ont enfermé chacun dans une bulle faite de milliers de bribes d'informations, de mini messages, de mini consignes, truffant la tête d'autant d'éclats de travail, empêchant une vue d'ensemble cohérente de son action. Paradoxalement, un certain niveau de stress est indispensable pour nous garder vigilants et même au mieux de notre forme ! Le problème est que personne ne réagit de la même manière à la même dose de stress. C'est la raison pour laquelle les mondes stables vivent plus douloureusement que d'autres l'arrivée de ces transformations dans l'organisation du travail : organismes publics en voie de privatisation, PME rachetées par des groupes anglo-saxons etc... Les individus, en fonction de leur histoire personnelle, ne réagissent pas non plus de la même manière aux changements affectant leur vie. Poilus de 14/18, soldats US au Vietnam ou en Irak, salariés en situation de fort changement, sont inégaux face à ces traumatismes que leur présente la vie

L'action du DRH

Bien que le DRH n'y puisse pas grand chose, les parents devraient être vigilants à apprendre à leurs enfants à appréhender la souffrance, plus et mieux qu'ils ne le font, au lieu de dépenser toute leur énergie à multiplier de profonds lits douillets de tranquillité. Ensuite, en sa qualité de DRH, il doit inciter les managers à considérer la relativité des ratios financiers, face à l'enjeu supérieur que constitue la santé psychologique voire physique de ses équipes. Enfin, il doit réapprendre les managers à se réapproprier un sentiment qui, hélas, a souvent déserté les entreprises : la compassion, quand les situations privées fragilisent les résultats professionnels. Enfin, il doit distiller l'idée auprès des dirigeants que le plaisir au travail, et l'enthousiasme qui l'accompagne, est, bien plus que beaucoup d'autres outils de gestion et de mesure, le principal carburant des salariés de leur entreprise.

Qu'est ce qui a changé dans l'entreprise depuis 68 ?

En France, comme chacun sait, on aime les commémorations. Et les joutes verbales qui souvent les accompagnent : pour ou contre l'avortement ? Pour ou contre Vichy ? Pour ou contre Mai 68 ? Mon propos n'est pas de décrire les grandeurs et décadences de Mai 68, mais bien d'essayer de discerner les changements qui ont affecté le monde de l'entreprise depuis 40 ans.

La lutte pour l'emploi devance la lutte pour l'augmentation des salaires.

Le plus important changement est celui qui, compte tenu de la persistance de l'inadaptation de la France aux évolutions de l'économie mondiale, a poussé petit à petit à substituer la lutte pour l'emploi, aux luttes pour les augmentations de salaires. Dans les années 1970, un ouvrier avec un salaire d'ouvrier, pouvait, en province, être propriétaire de sa maison à 25 ans. Ce n'est plus qu'un rêve aujourd'hui.

Le deuxième changement est une dégradation des conditions de travail :

celle-ci affecte non seulement les conditions physiques de travail (le rythme et l'intensité ont beaucoup augmenté) mais surtout les conditions psychologiques. Le management par le stress aiguillonné par le management aux objectifs et les outils de reporting anglo-saxons ont gravement gâché le plaisir au travail !

Le troisième changement est le dépérissement des syndicats :

sauf dans le secteur public, ils ont dépéri pour avoir trop longtemps confondu leurs vieilles lunes idéologiques avec le combat social.

Le quatrième changement est le dépérissement de l'apprentissage et du professionnalisme :

on vient d'assister, même s'il n'a pas disparu, au remplacement des études courtes doublées d'un apprentissage « chez le patron » ou dans le centre d'apprentissage de l'entreprise, par des études plus longues et plus conceptuelles, doublées d'un dispositif de formation lui aussi largement conceptuel ; cette évolution a eu pour conséquences une dégradation forte du professionnalisme, malgré l'introduction à haute dose des normes qualité.

Le cinquième changement est la multiplication des moyens et occasions d'échanger (Intranet, mobiles, réunions, évènementiels ..)

….et la difficulté parallèle à « se parler » de manière directe et franche. La relation d'homme à homme, qui permet de se dire les choses, a été effacée au profit de moyens d'expressions impersonnels et collectifs et d'un mode d'échange soft et souvent trop policé pour être honnête ! Dans l'ingéniérie RH, l'usinage de la ressource humaine s'est substituée à la relation humaine tout court.

Le sixième changement est l'arrivée d'un racisme anti vieux :

une mode s'est installée en France considérant que les plus de 50 ans n'ont pas d'intérêt. Au début tout le monde a aimé, grâce à de généreux plans de pré retraite. Aujourd'hui, ce sont des centaines de milliers de cerveaux, ordinateurs en parfait état, mais au design retro, qu'on jette à la casse.

Le septième changement, au moins dans les grandes entreprises, est que la personnalité des chefs a changé :

les leaders et les hommes de tempérament se sont effacés derrière des managers, pointus en gestion ou surdiplômés, mais généralement faibles dans l'art du maniement des hommes. Pour compenser, on a donc multiplié les séances de formation et de coaching en tout genre. Parallèlement, on a décidé que le management en réseau, les équipes projet, le matriciel, étaient des structures incomparablement plus efficaces que la structure pyramidale. Finalement l'entreprise a suivi la famille et l'école dans la nécessité de tuer les schémas traditionnels de pouvoir. On a fait le bilan des plus et des moins pour l'école et la famille, quand le fera t on pour l'entreprise ?

Autre changement important, le temps de travail uniforme et fixe,

..a explosé sous les coups de boutoir des horaires flexibles, temps partiels et autres 35 heures. Conséquence lourde, la communauté de travail s'est largement dissoute avec lui.

Les salariés, surtout, ont changé : quel que soit leur statut, ils souhaitent tous mourir pour l'entreprise mais de mort lente, en ménageant un parfait équilibre avec leur temps privé.

La considération accordée aux salariés a changé :

quoiqu'on en ait dit à l'époque, les patrons attendaient jusqu'au dernier moment pour licencier et souvent trop tard. Les cadres ne faisaient jamais partie de la charrette. C'en est bien fini ; comme nos amis anglo-saxons, ce qui compte c'est de maximiser le profit, plus de concilier progrès économique et social. Le licenciement économique n'est plus resté l'arme ultime. Ils vont s'en souvenir.

La multiplication de nombre de femmes cadres dans l'entreprise

a marqué aussi ces 40 dernières années. L'entreprise comptait déjà du personnel féminin mais plutôt de niveau subalterne. Des services entiers, surtout fonctionnels, se sont parfois complètement féminisés. C'est moins vrai dans les services dits techniques.

Enfin, a disparu une certaine insouciance,

une certaine décontraction dans les relations, un certain humour, une certaine manière de vivre le travail ensemble, un certain paternalisme bon enfant. La grande entreprise moderne est souvent devenue un monstre froid. Seules certaines PME ont su conserver une certaine convivialité rafraîchissante.

Mais, il y a-t-il quelque chose qui n'ait pas changé ?

Oui : la centralisation du pouvoir et son corollaire, l'incapacité chronique à déléguer, la bureaucratie, la lenteur des processus de prises de décision, la frilosité des banques face aux entrepreneurs et leur générosité avec les rentiers, le terrible manque de soutien de l'Etat aux créateurs d'entreprise, un droit du travail étouffant, une économie encore largement administrée, un secteur public disproportionné, des différences trop importantes de statut et de salaires entre ouvriers et cadres, fonctionnaires et non fonctionnaires, manuels et intellectuels, une persistance très importante des disparités entre régimes de retraite, tout cela n'a pas changé et a permis à la France de passer de la tête à la queue de l'Europe. La difficulté des français à voir le monde en face et à accepter les réformes qui vont avec n'a pas changé non plus. Ceci ne sera pas possible tant que nos multiples corporations aux comportements peureux et conservateurs, qui vont des chauffeurs de taxi aux barbiers, en passant par les kinésithérapeutes, les pêcheurs à la thonaille, les avocats, les juges de première instance, les urgentistes, les contrôleurs aériens, les limonadiers, les agents de la Ratp, les éleveurs de poulets de Louée, ceux du cochon noir du pays basque, les sourciers, etc, n'accepteront pas de faire table rase du présent pour bâtir l'avenir ! *Vous les européens, vous êtes un pays de vieux* ! M'ont dit un jour des coréens, en souriant de toutes leurs dents...

L'action du DRH

Nous ne dirons jamais assez que le principal rôle du DRH est d'être le catalyseur du changement dans l'entreprise. Et pour cela, nul besoin de haute stratégie : souvent les grands changements programmés par de grands cabinets de consultants accouchent de bien petites souris. Soyez donc un changeur au quotidien, les occasions de progrès sont innombrables ; il suffit de regarder autour de vous ! Beaucoup ne dépendent que de vous ! Alors changez d'abord les choses qui dépendent de vous ! Si l'occasion vous est donnée de faire changer les autres, appuyez vous sur vos propres changements réussis. N'hésitez pas non plus à vaincre les réticences en proposant une expérimentation ; ça suffit souvent. Mais le premier obstacle à vaincre est votre manque de détermination et de courage !

SNCF : l'adoubement syndical

Monsieur Pepy a remplacé Me Idrac comme Dirigeant de la Sncf. C'était écrit depuis l'entrée en fonction de Me Idrac, lorsque, fort imprudemment, elle avait pris à rebrousse poil les syndicats de l'entreprise publique. Erreur fatale !

Car, en France, l'Etat patron ne prend pas, ou ne reprend pas, le risque de mécontenter ses syndicats

Je ne juge pas des mérites de Mr Pepy, qui sont sans doute grands, mais d'un mode de gouvernance très critiquable. En effet, le Dirigeant d'une grande entreprise publique française nommé dans ces conditions sait fort bien qu'il doit une partie de sa nomination aux syndicats. Vous imaginez tout de suite que ce Dirigeant ne pourra pas avoir la marge de manoeuvre qu'il devrait avoir s'il n'avait pas été nommé avec l'assentiment de tels parrains...C'est ainsi qu'on a vu il y a quelques années un Louis Gallois, fort apprécié du monde syndical, découper en minutes le lundi de la pentecôte pour ne pas priver ses syndicalistes d'une journée. Qu'en aurait-il été du plan power 8 d'Airbus s'il n'avait pas été initié par un cadre issu de l'affreux secteur capitaliste : Christian Streiff, et si les actionnaires privés n'avaient pas été là pour en rappeler l'importance ? Louis Gallois est l'homme idoine pour mettre de l'huile dans les rouages. Un délégué syndical central, ayant ses entrées au ministère, m'a confié il y a quelque temps que le cabinet du ministre l'avait sondé pour connaître son avis sur tel ou tel futur présidentiable de mon entreprise. Imaginez le pouvoir de cet homme face à son futur patron ? Les syndicats du secteur public soutiennent de préférence des personnes qu'ils connaissent depuis longtemps, qui ne sont pas suspects de pratiques empruntées au secteur capitaliste, qui pratiquent à haute dose le dialogue social (c'est à dire qu'ils réunionitent beaucoup et trouvent des compromis qui leur plaisent) et qui, de préférence, sont des haut fonctionnaires ayant travaillé dans des cabinets de ministères de gauche.

Comment voulez vous, dans ces conditions, que le management des entreprises d'état évolue sensiblement ?

Car, de quelles références en management et organisation dispose un dirigeant qui n'a connu qu'une entreprise publique dans sa vie ? Tout au contraire, le relationnel tissé avec des dizaines de personnes de son acabit, le ligotent de mille liens qui le rendent impuissant, tel le lion de la fable. Car ce qui paraît impossible à l'homme en place est souvent simple à réaliser pour un nouveau venu, mais l'homme en place ne le sait pas, ou n'ose pas. Heureusement la machine a des ratés : Christian Blanc, haut fonctionnaire pourtant, chez Air France, a provoqué de spectaculaires évolutions, en s'appuyant sur la base pour légitimer un plan de redressement que les syndicats n'auraient jamais laissé faire autrement. Mais, pour un homme de cette trempe, combien de dirigeants gèreront l'entreprise au fil de l'eau en prenant bien soin de ne jamais contrer de manière « déraisonnable » les puissances syndicales. A quoi leur servirait-il de disposer de plus de sièges au conseil d'administration de ces entreprises quand on a un tel pouvoir d'influence ? Conclusion : si L'Etat veut faire évoluer ses entreprises publiques, il devra cesser ses misérables combinaisons de couloir avec les centrales syndicales et prendre les moyens de s'associer les services de managers modernes et humains.Il suffit de s'adresser aux chasseurs de têtes plutôt qu'aux syndicats.

L'action du DRH

Faire évoluer le management d'une organisation de culture publique est difficile. L'action d'un DRH, seul, est impossible si ne s'y associe pas la volonté ferme et tenace de son DG. Encore faut il que l'Etat pense à nommer à cette fonction des managers possédant une vraie culture d'entreprise et un sens du dialogue social non vicié par les pratiques étatiques. Mais à cette condition, des évolutions sensibles sont imaginables. Il faudra encore que le DRH sache trouver dans les interstices du statut en place, les petites failles lui permettant d'introduire des novations dans son système de gestion des ressources humaines. Il faudra surtout, qu'avec son DG, il prenne soin de nommer aux fonctions hiérarchiques, des managers possédant un fort leadership, allié à une expérience du dialogue social ferme mais ouvert avec les organisations syndicales.

Les quinquas, victimes des canons de la mode...

On invoque régulièrement le manque de formation dont seraient soudainement frappés les quinquas des entreprises quand ils abordent la cinquantaine, la nécessité forte dans laquelle ils seraient de se remettre en question. Quelle drôle d'idée !

Pourquoi n'instruit-on-t on pas le même procès en incompétence pour les..

...notaires, médecins, hommes politiques, journalistes, avocats, grands cuisiniers, grands couturiers etc, lorsqu'ils arrivent, eux aussi, à la cinquantaine ? Souvent, au contraire, ne trouve-t-on pas qu'à cet âge, la voix du chanteur est devenue plus grave, l'écrivain au sommet de son art, le journaliste riche des évènements vécus et d'une plume plus libre, l'homme politique de 52 ans, encore si jeune. Faut-il rappeler qu'il n'est pas rare que des comédiens meurent encore sur les planches ou presque. Les chefs d'entreprise eux mêmes, au même âge, échappent à ce statut, pour être honorés du titre de « capitaine d'industrie ». Les maires des grandes villes priés de se représenter une fois de plus. On vient de fêter en grandes pompes le départ en retraite d'un grand couturier italien et de pleurer la mort à 90 ans, d'un chanteur qui a donné son dernier concert il y a 3 moins de 3 mois...

Non ! Les quinquas des entreprises ne sont pas plus obsolètes ou « has been » que les autres,

...l'explication du rejet est beaucoup plus simple : quelqu'un - on ne sait pas qui – a décidé un jour que les quinquas qui travaillent dans une entreprise privée, ne sont plus à la hauteur ! Est-ce une question esthétique ? Car en France, les canons esthétiques sont sans pitié : une pomme, à l'étal du marché, doit être aussi belle que la nature morte d'un tableau ; un mannequin femme ne doit pas s'abimer le visage d'un sourire, être très maigre et très longue et les cadres de nos entreprises doivent être jeunes, beaux, diplômés des meilleures écoles et parler anglais. C'est peut-être ça mais c'est surtout beaucoup plus simple : les quinquas des entreprises sont victimes, du fait de leur âge, du même ostracisme que les noirs ou les arabes du fait de leur couleur de peau ou de la consonance de leur nom. Parmi le groupe de chômeurs dont je m'occupe, les plus jeunes partent toujours en premier ! Et pourtant si les directions d'entreprise réfléchissaient un peu, elles constateraient que la plupart de leurs jeunes cadres sont mal à l'aise dans leur rôle hiérarchique car il leur manque ce que les quinquas possèdent : la maturité du jugement, la prise de recul, la connaissance des hommes, l'art délicat de la négociation et de l'arbitrage, sans compter le pragmatisme dans le traitement des situations.

Le déroulement de carrière, en France, est à repenser

Au Japon, on ne devient pas chef de service avant l'âge de 50 ans. En France , on l'est souvent à trente ans, c'est à dire 20 ans, trop tôt ! Dans ces conditions tout le cycle de la vie professionnelle s'en trouve affecté et il est donc normal qu'à 50 ans, le jeune vieux chef de service n'ait plus rien à donner ou prouver, en théorie. Ils coûtent cher dit-on ? Mais ils ne se sont pas augmentés tout seuls ! D'ailleurs, beaucoup de quinquas accepteraient sans doute une baisse de leur rémunération contre un aménagement de leurs horaires. Au lieu de recourir sans discernement aux cabinets de consultants, combien de quinquas pourraient conduire des audits et missions de réorganisation de manière tout à fait pertinente et pour un coût bien moindre, tout en assurant un suivi que les premiers n'assument pas. Ils ont l'esprit critique, sans doute, mais cela évite souvent au dirigeant de s'enfermer dans des impasses ! J'entends que les jeunes ingénieurs ont 3 ou 4 propositions avant de sortir de leur école, que les entreprises ne trouvent pas la matière grise qu'ils recherchent, que le bâtiment, les travaux publics manquent de volontaires ….

Mais la France est pleine de milliers de cadres aux compétences inexploitées qui en « crèvent » de se voir mis ainsi au rebut !

Alors, cessons d'invoquer l'alibi de l'incompétence, de nommer des responsables de recrutement qui ne recherchent que des salariés qui ont le même âge qu'eux, c'est à dire 25 ans et non l'âge de leur père ! Brisons enfin ce nouveau tabou social de l'âge, phénomène unique au niveau mondial, et peut-être aurons nous enfin une chance de voir les statistiques du chômage baisser chez les quinquas. Et cessons de les balader de bilan de compétence en coaching, de sessions de remise en question en formations qualifiantes ; de verser des larmes de crocodiles pour masquer notre refus gêné de conserver ceux qu'on considère comme : « des vieux » ! Parce que, demain, ce vieux là, dont on ne veut plus, ce sera toi…..

L'action du DRH

Tous les DRH, et moi le premier, avons, à un moment ou à un autre, refusé d'embaucher ou de promouvoir quelqu'un du fait de son âge. Mais c'était « Avant ». Avant que je vieillisse moi-même. Avant que « nous » prenions conscience qu'il y avait là un vrai problème de société. Un plan Marshall s'impose actuellement vis à vis des quinquas. C'est stupide, car il n'y a aucune raison objective à cette situation, sinon une crise de jeunisme, en France. Mais il faut faire avec ! Votre rôle, dans votre entreprise, consiste à s'inscrire fortement contre cette tendance et à donner la considération qui leur est due à tous les quinquas de l'entreprise

Voici quelques idées :

- Pour convaincre votre DG ou votre comité de direction, faites un tableau à double colonne, exposant les avantages et inconvénients des salariés jeunes face aux salariés âgés, ce sera un bon moyen d'objectiver les choses.

- Organisez chaque année une rencontre entre les retraités de votre entreprise et les recrutés de l'année.

- Recensez tous les emplois et toutes les missions externalisées qui pourraient avantageusement être confiés à des salariés, cadres ou non, âgés de plus de 50 ans.

- Prévoyez la possibilité, pour eux, d'avoir des horaires adaptés, de pouvoir travailler en télé-travail ....

- Faites les travailler en groupe de travail sur toutes les mesures que l'entreprise pourrait prendre afin de tirer le meilleur parti de sa main d'oeuvre expérimentée. Des idées, ils en auront mille ! Dans tous les cas, chassez l'idée de leur faire la charité. La considération commence à les traiter pour leur valeur intrinsèque et non comme un groupe d'assistés.

Les « vraies » raisons pour lesquelles vous n'avez pas été embauché(e)

Vous ne savez pas, et on ne vous dira jamais, la raison pour laquelle vous n'avez pas été embauché(e). Dans la France à la langue de bois et aux propos si suaves, il n'est pas correct de l'évoquer. Alors, à l'oreille, et à condition de ne pas le répéter, moi, l'ex DRH recruteur, je vais vous le dire…

Vous croyez que c'est parce que vos prétentions de salaire étaient trop élevées.

Vous pensez, bien sûr, que votre expérience était insuffisante.

Vous croyez que c'est le meilleur qui l'a emporté.

Vous croyez que votre anglais est trop sommaire.

Vous croyez que vous n'avez pas su faire la synthèse de vos compétences.

Vous croyez que c'est parce que vous n'avez pas su répondre à une question.

Oui, peut-être, mais le diable se cache souvent dans les détails, dit-on.

Peut-être que vous ne ressembliez pas, physiquement, à l'idée que l'on se faisait du titulaire du poste.

Peut-être que la fille à l'accueil a répété à son chef « après », que vous n'aviez même pas eu un regard pour elle en entrant.

Peut-être paraissiez vous trop nerveux, instable, voire un brin caractériel.

Peut-être avez vous redoublé votre terminale.

Peut-être avez vous eu tort de donner le sentiment d'être politiquement du mauvais côté.

Peut-être vous êtes vous perdu dans des détails sans intérêt qui ont assommé votre interlocuteur.

Peut-être avez-vous eu une poignée de main molle, laissant supposer que vous étiez aussi « mou », au travail…

Peut-être avez vous trop parlé de votre expérience et pas assez montré votre enthousiasme.

Peut-être avez vous semblé tenir un peu trop fort à votre équilibre vie privée / vie professionnelle.

Peut-être avez vous trop montré une ambition impatiente.

Peut-être n'avez vous pas fait assez attention aux fautes d'orthographe contenues dans votre lettre de motivation.

Peut-être que ne vous ne vous appeliez pas Dupont ou Durand.

Peut-être étiez vous trop grand ou trop petit.

Peut-être, avez vous oublié d'ôter votre percing à l'oreille et de cacher ce grand tatouage sur l'épaule gauche.

Peut-être que votre adresse n'est pas celle de la ville de l'emploi convoité.

Peut-être que vous voulez occuper un emploi qui ne correspond pas à votre diplôme et à votre expérience.

Peut-être que votre diplôme ronflant acquis en un an, a indisposé celui qui, en face de vous, a mis des années à l'obtenir.

Peut-être que vous avez un cheveu sur la langue, ou un accent qui sent un peu trop le Sud, les vacances, ou la Province.

Peut-être que votre maquillage ou votre déodorant, ont beaucoup faussé le jugement de votre interlocutrice, sans parler de vos ongles French manucure, ou même de votre coiffure « un peu relâchée ».

Peut-être n'avez vous pas assez dénié fortement qu'il n'était pas question d'avoir des enfants, pour le moment….

Peut-être n'avez vous pas résisté au plaisir de dire que votre conjoint était banquier, médecin ou cadre supérieur.

Peut-être que la liste de vos voyages et de vos hobbies a suscité un brin de jalousie.

Peut-être que vous vous êtes énervé un peu quand on vous a dit que vous n'aviez rien fait depuis 2 ans, parce que vous étiez au chômage…

Peut-être que ce n'était pas le bon jour - Inch Allah - ou que votre signe du zodiaque n'était pas favorable.

En résumé : l'informel est aussi important que le formel dans une opération de recrutement et tous ces éléments, apparemment insignifiants pour vous, pèsent lourd lors de la réunion de débriefing entre recruteurs. Et non ! Il ne suffit pas d'être compétent ! Les recruteurs recherchent aussi des personnalités qui leur plaisent. Alors pensez-y et travaillez à donner de vous l'image la plus valorisante possible. Préparez vous aussi à « expliquer » tous les aspects de votre parcours ou de votre personnalité qui pourraient amoindrir vos chances. Dans tous les cas, croyez en vous par dessus tout et restez optimiste

L'action du DRH

Il est difficile de donner à chacun la raison précise de son non recrutement : il s'agit d'une *intuition globale* qu'il est souvent difficile d'expliciter. Néanmoins, une pratique élégante consiste à dire directement au candidat, en fin d'entretien, s'il a des chances ou non d'obtenir le poste. Quand quelqu'un « ne fait pas l'affaire », on le sait très rapidement. On peut même transformer cette mauvaise nouvelle en évènement positif en faisant s'interroger le candidat sur la pertinence de sa candidature et en lui indiquant, si on en est capables, deux ou trois pistes qui vous paraissent plus adaptées. Quand on le fait, on a droit, toujours, à la gratitude du candidat.

Management : le contre exemple gouvernemental

Loin de moi l'idée de faire polémique sur le fond, mais l'exemple que me donne l'ordonnancement de l'action gouvernementale ne peut manquer d'interpeller l'intervenant en management que je suis.

On apprend à nos auditeurs en management qu'un bon patron doit savoir déléguer :

J'observe que le président de la république mange tous les jours le pain de ses ministres, en intervenant dans leurs dossiers à tout propos et sans ménagement excessif. Il faut retenir en même temps que les collaborateurs se doivent de faire ce qu'il faut pour ne pas risquer de se voir doublés par leur patron, du fait de leur inertie.

On apprend encore qu'il est capital de hiérarchiser les problèmes, de distinguer l'essentiel et l'accessoire, l'urgent et l'important : j'observe que le Président s'occupe de tout, des enterrements de gendarmes aux sommets du G7, tout est réglé à l'aulne de son tempérament bouillant ou jacobin.

On apprend qu'il importe de ne pas réagir à tout et tout le temps, que le temps du dirigeant n'est pas celui des médias, ni celui des faits divers, ni celui des intempéries, ni celui des sondages. J'observe qu'un ministre est capable de quitter un séminaire européen pour dire deux mots à la télé devant un immeuble qui brûle à Paris.

On apprend à se répartir les tâches dans l'équipe et à surveiller ses coûts de fonctionnement. J'observe couramment la présence simultanée du président et de deux ministres à une cérémonie d'obsèques.

On apprend que le rôle d'un Dirigeant est de penser l'avenir, donc de prendre du recul et du silence pour y réfléchir. J'observe que la boulimie d'actions de notre président ne doit lui laisser que peu de temps pour imaginer ce que sera la France de demain.

On apprend qu'il faut faire confiance à ses subordonnés et ne pas les contredire publiquement : j'observe qu'il arrive souvent qu'un ministre ou un secrétaire d'état soit déjugé dans l'heure, « par l'Elysée » !

On apprend qu'il faut être raisonnable, maîtriser ses nerfs, se conduire en sage. Je lis dans la presse que les colères, chaudes ou froides, du Président sont fameuses....

On apprend qu'un bon salarié est un salarié équilibré, qui a une hygiène de vie, qui ne travaille pas jour et nuit, même le week-end. On apprend que ce qui compte n'est pas la durée ni la fréquence des réunions, mais leur qualité. J'observe que le gouvernement travaille le week-end plus que de raison et se fait une obligation de prendre de courtes vacances et un devoir de les interrompre pour un oui ou pour un non.

On apprend aux cadres à se comporter en adultes, à savoir exercer leur esprit critique et donner un avis, même s'il contredit le discours officiel : j'observe beaucoup de flatteries et un religieux alignement sur les paroles de « Monsieur le Président ». On peut jouer l'équipe sans tomber dans la flagornerie ! Mais pour être objectif, j'observe aussi qu'on ne peut dire une chose et son contraire, critiquer le lundi pour s'aligner platement le mardi, jouer à l'élastique en permanence avec son chef et son équipe : certains ministres et secrétaires d'Etat manquent singulièrement de cohérence sur ce point.

On apprend qu'il ne faut pas promettre à ses salariés au delà de ce que l'on peut tenir, que la démagogie est mauvaise conseillère, que le réel se venge toujours des discours, qu'il faut tenir ses engagements. J'observe que les réformes, nombreuses, certes, sont plutôt des réformes à 25% !

On apprend que l'éthique du Dirigeant lui commande modestie et simplicité, surtout quand ses salariés peinent à boucler leurs fins de mois. J'observe un train de vie somptuaire.

J'observe que l'Etat, comme un PDG milliardaire, vit toujours comme un riche avec ses cuisiniers et fleuristes de l'Hôtel de Lassay, ses cocktails, ses 1000 salariés à l'Elysée, ses porte avions et ses rafales, sa nouvelle base militaire à Abou Dhabi, et tant d'autres choses encore, mais la liste serait trop longue, quand les français s'appauvrissent....

L'action du DRH

Conseiller du DG, et souvent proche de lui, il vous revient de lui indiquer ce qui, dans ses pratiques ou ses attitudes, le dessert. Changer de voiture au moment où on annonce un plan de restrictions n'est pas du meilleur effet. Demander à ses cadres des efforts d'économies sur les effectifs quand les salariés constatent que le patron recrute, pour lui, une deuxième secrétaire, n'est pas une pratique cohérente. Or, ce genre « d'incohérences » est très fréquent dans les entreprises. A vous de rappeler à votre patron que le management est « global », que tout se tient, que l'on prêche beaucoup plus par l'exemplarité que par les discours. Les salariés vous scrutent en permanence, aucune erreur ne vous sera passée. C'est pour cette raison qu'un patron est souvent condamné à la vertu !

France : mobilité bloquée

La mobilité professionnelle est bloquée, en France, pour les raisons suivantes :

La première est que notre société qui se clame tant républicaine est toujours une société de classe.

Elle utilise l'école comme critère décisif de classement « pour la vie », comme une note le fait pour un examen, comme le BAC sanctionne la scolarité du secondaire. L'école française sert à classer et le niveau d'études est exactement prédictif de la position que l'on occupera dans la société. Autrement dit, le diplôme est le nouveau titre de noblesse valable tout au long de la vie. Avoir fréquenté quelques polytechniciens m'a bien fait comprendre que quoiqu'ils fassent, ils auraient leur place au soleil. Un groupe de travail européen sur la mobilité en Europe, dont j'ai eu la fierté de servir d'animateur, m'avait exprimé sa vision de la France comme un « échiquier composé de cases sur lesquelles vous aviez le droit (ou non) de vous déplacer en fonction de la profession de vos ascendants, de votre quartier, de votre école ».

La seconde raison tient au fait que les grandes entreprises (et leurs cabinets de recrutement) recrutent de manière très sélective avec la seule porte d'entrée du diplôme.

Pour une majorité d'entre elles, il n'existe pas de salut si l'on n'est pas « en ligne » Être en ligne signifie posséder le diplôme qu'on exige, avoir occupé les emplois qu'on recherche, dans les entreprises qui intéressent, le temps qu'il faut (ni trop longtemps ni trop peu), avoir moins de 40 ans et si possible, sans oser le dire, être européen. Il n'est donc pas étonnant que les chômeurs dont je m'occupe et qui, sans posséder le diplôme exigé aujourd'hui, ont occupé l'emploi à pourvoir pendant 15 à 20 ans, se voient refoulés sans ménagement par un : « *Mais Monsieur, vous n'avez pas le diplôme qu'on recherche* » ! En France, on aime les jardins « à la française » ! Pas de diplôme, pas de salut ! Qu'il faille faire valider son expérience par un diplôme via le processus de la VAE (validation des acquis de l'expérience) confirme bien le travers de notre société à considérer le diplôme comme valeur mètre de notre société. Heureusement que les PME sont plus ouvertes que les grandes entreprises, sinon que ferait-on de ces milliers de salariés qui veulent retrouver du travail dans l'emploi qu'ils pratiquent depuis toujours ? Il est vrai aussi que beaucoup de patrons de PME sont des autodidactes ou, en tout cas, des personnes qui considèrent que la valeur de l'homme est dans sa personnalité, sa volonté, sa capacité d'adaptation, au moins autant sinon plus que dans les études suivies ou le diplôme détenu.

La troisième raison tient au fait que les salariés français ne sont pas assez mobiles

Contrairement aux jeunes Anglais qui font souvent leurs études dans une autre ville que la leur, beaucoup de jeunes français sont des terriens qui n'ont de cesse de vouloir le plus rapidement possible s'ancrer sur un territoire et y planter leur maison en dur ou, en tout cas, y élire leur domicile, pour la vie. Combien de fois ai-je rencontré de jeunes salariés venant pleurer dans mon bureau pour rapprocher leur lieu de travail distant d'au moins 25 kms de leur domicile. Or, on sait qu'en matière de recherche d'emploi la mobilité nationale multiplie les chances de retrouver du travail

Vous me dites que déménager est inhumain?

Peut-être, mais certainement moins que de vivre le chômage et toutes ses misères associées ! Et puis, si c'était l'inverse, si c'était le changement qui multipliait le plaisir de vivre ? En France, il va bien falloir finir par comprendre que le monde ne se plie pas à nos souhaits et que c'est à nous de nous adapter aux choses qui ne dépendent pas de nous.

La quatrième raison tient au fait qu'on considère qu'il n'est pas possible, en France, d'occuper un emploi sans le diplôme ou la formation théorique qui va bien.

Pour beaucoup d'emplois, ceci est faux. C'est oublier qu'un travail s'apprend sur le tas ; c'est oublier qu'on passe son temps à copier les autres et très peu à créer. C'est oublier la formidable capacité d'adaptation de l'homme qui, après avoir vu faire une opération, est très rapidement capable de la reproduire dans d'aussi bonnes conditions, passé un certain délai d'apprentissage. L'embauche d'étudiants pendant l'été m'a souvent convaincu de cette énorme capacité. Pendant la guerre, des milliers d'emplois ont très rapidement changé de titulaires et cette occasion a d'ailleurs radicalement changé la vision de la femme remplaçant les hommes partis à la guerre, dans les usines. DRH dans une firme US, mon superviseur était un ex marin de l'US Navy ! Imaginez une situation comparable dans une firme française de 15 000 personnes travaillant dans le secteur aérospatial ! On vous répondra vite que c'est un emploi hautement qualifié de niveau Bac + 5 minimum ne pouvant être occupé que par un master en sciences humaines. Car, derrière le discours officiel, être polyvalent ou avoir changé de métier, loin d'être un avantage, est souvent encore perçu comme une tare, en France. Les nouveaux riches du diplôme ou les gens « en place » protègent bien leurs arrières. Je me souviens encore de ce recruteur parisien qui, en constatant sur mon CV que j'avais commis l'erreur de ne plus être DRH pendant quelques années, s'esclaffa : « *Mais enfin, vous voulez faire quoi au juste ?* ». Est-il besoin d'ajouter autre chose ?

L'action du DRH.

Vous devez prendre des mesures afin de fluidifier l'emploi dans votre entreprise :

- Mesurer déjà les mobilités existantes.

- Ne mettez pas au service recrutement une personne jeune et diplômée qui évaluera les candidats à l'aune de son âge et de ses diplômes, mais une personne expérimentée, qui connaît bien tous les emplois de l'entreprise.

- N'hésitez pas à officialiser des majorations de qualifications et / ou des primes de mobilité pour les personnels polyvalents et mobiles.

- Ne sur-qualifiez pas vos emplois en exigeant un niveau Bac + 5 pour un poste qu'une personne professionnelle de niveau bac pourrait exercer sans problème !

Service public / Fonction publique, forcément associés ?

La France est le pays des fonctionnaires dit-on. Et cette réalité fait débat, chez nous, depuis des lustres entre les pro et les anti. Les pro mettent en avant le sens de l'Etat, la propagation et la défense des valeurs républicaines, le désintéressement, l'égalité de traitement des fonctionnaires : les « agents du service public ». Les anti fonctionnaires, eux, se gaussent de l'amour immodéré des « agents » pour la sécurité, leur manque d'implication et de responsabilité, une productivité médiocre, une conception égoïste de leurs intérêts, quand leurs grèves à répétition paralysent le pays. Ils leur reprochent surtout d'absorber une part significative du budget de l'Etat et donc de concourir à son appauvrissement. Ceux-ci rétorquent en moquant l'aveuglement des salariés du privé à vouloir coûte que coûte enrichir des patrons assoiffés de profit !

La confusion Service public / Fonction publique

Ce qui frappe surtout dans ce débat séculaire, c'est que l'essentiel n'est jamais abordé grâce à une confusion savamment entretenue entre fonction publique et service public : personne, en effet, ne se pose jamais la question de savoir si le service public ne fonctionnerait pas aussi bien, voire mieux, avec des personnels travaillant selon les règles du code du travail, comme des salariés de droit privé. Les sujétions et devoirs particuliers auxquels sont théoriquement soumis les personnes travaillant dans un service public sont tout à fait incorporables, à titre de clauses spécifiques, dans un contrat de travail de droit commun. Cette configuration Service public/ salariés de droit privé, n'aurait que des avantages : elle permettrait à la notion de service public de trouver son vrai périmètre : un périmètre non perverti par toutes les « tares » dont, à tort ou à raison, on affuble la fonction publique. Et en premier lieu la souplesse dans les affectations, au gré des besoins du Service public, qu'on aime tant, mais que la rigidité des statuts interdit absolument aujourd'hui. Surtout, elle aurait l'avantage de permettre aux salariés travaillant dans un service public d'avoir des conditions de travail et de rémunération, donc de motivation et de performance, comparables à celles des salariés d'entreprises commerciales ou industrielles. Même si les salaires du public ont dépassé ceux du privé pour les qualifications basses et moyennes. Quand je dis performances comparables, je triche un peu, car le statut « privé » des personnels ne placerait pas pour autant l'activité de service public dans des conditions de performance identiques, pour trois raisons tenant à la concurrence, à la nature publique de la propriété et au style des dirigeants : l'aiguillon de la concurrence, et la nécessité de satisfaire le client, sont de puissants facteurs de performance collective dans le privé. Le monopole du service public le prive souvent de ce salutaire aiguillon. C'est pourquoi il est important, quand c'est possible, que l'activité de service public cohabite avec une activité privée (cas de l'Education et de la Santé en France) afin d'introduire un bench mark intéressant.

Par ailleurs, l'argent public n'est, hélas, bien souvent, l'argent de personne.

Et l'argent qui appartient à personne est un argent facilement gaspillé, sauf à imaginer un contexte idéal d'hommes totalement vertueux, se consacrant au service du bien commun ! Enfin, il serait temps de considérer qu'il n'y a pas un management de type « public » réservé à des énarques ou des profils hauts fonctionnaires et un management de type « privé » réservé aux élèves des grandes écoles de commerce ou d'ingénieurs. C'est bien le même management qui s'applique, même si les finalités diffèrent. Et donc le choix des dirigeants doit se faire selon les mêmes critères d'efficacité. Mais enfin, si tous les « servants » du service public étaient des salariés de droit privé, on ne connaîtrait plus une situation où des personnes normalement compétentes et motivées par leur travail à leur arrivée (voire plus) se transforment, année après année, sous les contraintes de statuts archaïques, de hiérarchiques placés en situation d'irresponsabilité et de la mauvaise gouvernance de l'Etat patron, en individus, pour la plupart, privés de zèle et condamnés à l'impuissance ! Un certain nombre de pays européens ont eu cette lucidité. La Deutsche Bahn (les chemins de fer allemands), La Suisse et même l'Italie, n'ont pas eu peur de supprimer leurs populations à statut.

Or je suis personnellement convaincu, avec beaucoup de français, de l'importance du service public...

parce que le bien commun doit rester la propriété commune : l'air, l'eau, l'accès de tous à l'éducation, à la sécurité, à la santé, les grosses infrastructures routières et ferroviaires, l'accès à la culture sont des biens communs ou devenus communs grâce à l'argent de nos impôts qui les ont payés. A ce titre, je ne comprends pas la privatisation de l'eau, ni celle des autoroutes. Quand les hommes publics, pour se justifier, nous disent que l'Etat ne possède pas le savoir faire nécessaire à leur bon fonctionnement, ils apportent de l'eau à mon moulin : le savoir faire des « privés » tient à la nécessité où ils sont d'apporter un bon service ou bien de se voir remplacés par de plus compétents !

La nature humaine est ainsi faite que l'optimum est obtenu par un savant équilibre entre tension et sécurité :

Le maximum de sécurité des populations sous statut et leurs organisations bureaucratisées, découragent les initiatives. Comme l'incertitude et le stress permanent de certains managers d'entreprises privées s'avèrent contre productifs pour beaucoup de salariés. Entre les deux, il y a de la place pour des organisations facilitantes et responsabilisantes et des managements exigeants et humains. Le service public n'aurait qu'à gagner à s'offrir les deux.

L'action du DRH

Bien entendu, ce n'est pas vous qui allez décider de supprimer la fonction publique. Néanmoins il vous revient, si vous travaillez dans un organisme de culture publique, de réfléchir à la question d'améliorer la qualité de service et donc de rechercher les raisons qui entraînent un personnel souvent plus diplômé et plus qualifié que la moyenne, à travailler en dessous de ses capacités. Vous n'y arriverez que si vous-mêmes avez les moyens de comparer les performances de votre organisation avec celles du privé, sinon vous ne serez pas en mesure de comprendre ce propos.   Ayant réfléchi à cette question, il vous appartiendra de mettre en oeuvre, avec votre DG, un plan raisonnable d'actions susceptibles de faire évoluer les pratiques et les comportements. Se reporter aux autres articles où nous avons déjà traité cette question.

Respecter le contrat : une exigence morale !

Traditionnellement, en France, la loi tient le haut du pavé, tandis que le contrat chemine à ses côtés, petit porte sacoche ! Une fois de plus, nos voisins anglais, qui font vraiment du contrat la loi entre les parties, font strictement l'inverse. On parle beaucoup d'éthique des affaires, et pourtant, quand elle nous donne l'occasion de l'honorer, on l'ignore encore superbement. Ainsi en est-il du contrat, qu'il soit de travail ou simplement moral

Quand j'ai décidé de recruter quelqu'un, c'est que j'ai passé un pacte avec lui sur lequel nous nous sommes entendus :

un horaire, un poste occupé, une qualification….contre un salaire. Mais surtout, c'est un contrat « *intuitu personnae* », c'est à dire, parodiant Montaigne et son ami La Boétie, que le nouvel embauché est venu travailler « parce que c'était moi » et que je l'ai recruté « parce que c'était lui ou elle ». C'est pourquoi les signataires de ce contrat ne peuvent en être que les deux personnes qui se sont mutuellement engagées à travailler ensemble ! Et non je ne sais quel tiers, qui a pouvoir de signature, mais est complètement étranger à ce pacte là ! Le sens même du mot contrat exige que les entreprises redonnent pouvoir de signature au hiérarchique du salarié embauché et non au DRH ou au directeur. De la même manière, les bonus et autres gestions par objectif, font florès. Mais c'est oublier un peu vite que la prestation de travail que le salarié doit à l'entreprise, qui est souvent jointe à son contrat, est sa définition de poste et les missions qui lui sont associées.

Le glissement qui s'opère peu à peu pour tendre à substituer aux missions de la définition de fonction, une série d'objectifs, non connus au moment du contrat, constitue *une perversion de l'objet qui a motivé la décision du salarié* :

à une prestation connue d'avance, se substituent des prestations inconnues au moment de la signature. Et ce, même si le contrat prévoyait que la rémunération comprenait une partie variable et le respect de certains objectifs. A partir du moment où le contrôle de l'activité du salarié tient de plus en plus, voire presqu'exclusivement, au respect d'objectifs annuels inconnus au moment du contrat et que ceux ci ne sont plus accessoires, peut-on considérer que le contrat initial est respecté ? Ne pourrait-on également considérer que la non indexation du salaire fixe, représentatif d'un certain pouvoir d'achat et qui a motivé le consentement, constitue un non respect de la valeur monétaire du contrat ? De quoi faire réfléchir les DRH à la généralisation du tout variable. Enfin, tout le monde ou presque était d'accord pour considérer que le maintien des régimes spéciaux était injuste. Certes, mais enfin, si l'on s'en tient à l'esprit du contrat qu'un cheminot a passé avec la SNCF quand il s'est engagé, on retrouve comme élément essentiel de sa volonté de signer, un régime de retraite avantageux et la sécurité de l'emploi. Tout le monde l'a oublié, mais je me souviens de l'époque où devenir fonctionnaire était une tare sociale et où les salaires comparés au privé étaient loin de ce qu'ils sont devenus aujourd'hui ! Ce qui ne donnait que plus de relief à la retraite dans la motivation de devenir fonctionnaire, à l'époque. Un Etat responsable et sage aurait dû, non seulement agir beaucoup plus tôt, mais aussi agir justement en distinguant, parmi les fonctionnaires encore en activité, ceux qui appartenaient à la catégorie dont j'ai parlé et ceux qui ont rejoint l'entreprise à une époque où la courbe des salaires des fonctionnaires a croisé et dépassé celle des privés. Les premiers, c'est une question de justice et de respect du contrat, auraient dû être traités autrement que les seconds. L'appréciation de la justice est chose subtile : la retraite n'est jamais constitutive de la motivation de contracter des salariés privés, quand elle est un élément substantiel, voire plus, de l'échange de volonté du fonctionnaire. Or, cette justice là a bien été sacrifiée sur l'autel de l'égalité. Même si on peut m'opposer que l'agent public ne dispose pas d'un contrat de travail, mais a signé son engagement selon les termes d'un statut connu. Moralement, l'esprit qui a présidé à cet engagement ne vaut pas rien face à la lettre de cet engagement.

L'action du DRH

Un DRH se doit de garder un esprit critique et de se laisser guider par la recherche du juste et du vrai. En matière de retraite des régimes spéciaux, on aurait pu faire preuve de plus de subtilité et de sagesse. La leçon qu'il vous faut retenir est la suivante : dans toutes les affaires qu'on vous soumet, reprenez la réflexion à partir de zéro. Ne vous contentez pas de reprendre les idées toutes faites, ou celles du groupe majoritaire, ou celles du patron. Formez votre jugement par vous mêmes, à la lumière des informations recueillies, du droit du travail, et surtout, de ce que disent les parties concernées. A la fin de cette démarche, vous direz ce qu'il convient de faire pour être dans le juste, quelle que soit le poids des pratiques antérieures. *Il n'est jamais trop tard pour faire ce qui est juste !*

Vous avez dit professionnalisme ?

Professionnalisme ? Quel drôle de mot : oui, un mot un peu désuet, qui ferait pâle figure au panthéon des mots, si on le mettait en compétition avec « challenge » ou « Gpec » ou « développement durable ». Il a été remplacé par le très tendance « compétence » ; cet ingrédient de la cuisine RH qu'on nous sert à tous les plats et qui est devenu le sésame de toute action RH.

Et pourtant ce mot, devenu désuet, est la clé de l'excellence

...dont on fait bouchée double dans les colloques d'entreprise. Car si le compétent sait faire, le professionnel, lui, s'engage à faire. La différence est de taille. Elle sépare le travail « exécuté », du travail « bien fait », ou plutôt du travail fait comme il devrait l'être. Les « Anciens » parlaient sans cesse aux gens de ma génération de « conscience professionnelle ». Ils ponctuaient souvent leurs reproches d'un « *c'est une question de conscience professionnelle* ». Et on savait bien ce que ça voulait dire ; ça voulait dire : tu n'as pas mis tout le soin qu'il faut à ton ouvrage ; tu n'y as pas mis assez de coeur. Car, bizarrement, ce n'est pas souvent la compétence qui manque à l'ouvrage, pour qu'il soit fini comme il doit l'être : c'est le cœur ! C'est à dire l'idée que je me fais d'un travail bien fait ; cette exigence que je m'impose de ne pas quitter ou cesser mon travail avant qu'il soit terminé comme il doit l'être. Le problème du travail fait « à peu près », cancer de beaucoup trop de réalisations et services d'aujourd'hui, est une question d'éducation bien plus que de compétence. Les parents, les vieux maîtres et les patrons de l'époque éduquaient au devoir du travail bien fait. Et ça se payait souvent d'exigences qui paraîtraient insupportables aujourd'hui : recevoir des reproches, avoir à recommencer son travail, ne pas pouvoir quitter son travail avant que le travail soit terminé, sans parler des coups de pied aux fesses et autres joyeusetés ! Si ce temps est révolu, et heureusement, pour les brimades, celui de l'exigence ne l'est pas.

Les champions sportifs qu'on admire sont d'abord des forçats !

Et les grands cuisiniers célèbres ont subi de longues années les sévères consignes du chef de cuisine. Au delà de l'exigence, trois conditions sont à réunir pour que le professionnalisme redevienne la norme : des salariés éduqués au devoir du travail bien fait, des responsables ou managers passionnés, conscients de leur rôle formateur et acquis à l'idée que le rôle du « chef » est d'abord de « permettre de faire », en libérant les initiatives, une organisation facilitante et responsabilisante. Au lieu de cela, on a des salariés instruits, des responsables stressés, inquiets à l'idée de déplacer la moindre feuille sans autorisation, des organisations bureaucratisées et centralisées, castratrices du moindre espace indispensable à l'existence de l'homme créateur. Notre balance commerciale déficitaire ne tient pas seulement à des causes structurelles : faiblesse de nos PME et déficit de produits manufacturés.

La qualité doit d'abord exister dans la tête !

Les déboires de certains de nos constructeurs automobiles en matière de fiabilité sont à analyser parallèlement à l'énorme effort fourni par eux pour créer et faire vivre un système qualité normatif. Or, la qualité doit exister d'abord dans la tête des salariés (la conscience du travail bien fait) et pas seulement dans des centaines de procédures affichées partout. Les deux sont complémentaires. L'excellence française ne doit pas se cantonner à ses seuls produits de luxe. Ayant pris conscience de ce phénomène de « l'a peu près », il importe, pour les entreprises, de « socialiser » leurs nouveaux salariés, c'est à dire de les « vacciner » à la notion du travail bien fait, dans les toutes premières semaines (c'est souvent le rôle des universités d'entreprise), de faire du vocable « professionnel », un titre qui se mérite, qu'on est fier de porter et qui vaut son argent en terme de qualification et rémunération. Quand les salariés pourront dire avec autant de fierté : « je suis un professionnel », au lieu de dire « je suis cadre » ; ce sera le signe que les modèles culturels de la société française auront changé !

L'action du DRH

Le management du professionnalisme n'est pas à la mode. Ce doit pourtant être une de vos ardentes obligations ! L'un de vos soucis constants doit consister à élever le niveau de professionnalisme des salariés de l'entreprise. C'est une oeuvre importante qui suppose la mise en oeuvre de nombreux leviers. Vous en saurez plus si vous vous reportez à notre livre « Le Malnagement » (Amazon)

Ethique et management : encore beaucoup d'efforts

L'affaire des stock options d'Eads, vendus avant leur forte baisse par certains dirigeants et plus de 1000 cadres supérieurs, si elle était confirmée comme frauduleuse par la commission d'enquête, rappellerait à tous que la vertu est la compagne obligatoire de tout manager qui se respecte. Et je plains beaucoup le négociateur qui va devoir expliquer aux interlocuteurs syndicaux d'Airbus que le plan d'économies Power 8 est incontournable, même s'il l'est !

Cette affaire nous rappelle que la conduite du manager est indissociable de sa crédibilité.

Tous les managers qui s'augmentent fortement ou sont augmentés, changent souvent de voiture, dînent et voyagent de manière somptuaire, doivent savoir que tous les discours de rigueur salariale qu'il pourraient avoir à tenir au même moment à leurs personnels, tomberont à plat et ne feront que renforcer le vieil antagonisme que les salariés français nourrissent depuis trop longtemps envers leurs patrons. Le récent combat syndical pour le maintien des régimes spéciaux de retraite n'a pas rencontré d'écho favorable dans le pays parce que tout le monde sait, plus ou moins, ce qu'est une situation juste ou injuste. Souvent déguisés derrière la sauvegarde l'intérêt général, des usagers, des justiciables, les privilèges corporatistes sont voués à disparaître les uns après les autres. Plus la situation de la majorité sera difficile économiquement, plus les petits avantages maintenus par certains apparaîtront comme odieux !

Le sacrifice ne s'accepte que partagé.

Et le vrai courage, c'est de faire d'abord ce qui est juste, bien avant ce qui est légal. « Profit de l'un est dommage pour l'autre », disait Montaigne. Ce qui signifie en clair que celui qui prend plus que sa part, prend la part de l'autre. C'est vrai pour le commerçant, le distributeur, comme pour le chef d'entreprise et même certains syndicalistes, quand ils se font les défenseurs de privilèges indus. Toutes proportions gardées bien entendu. Cette règle s'impose aux managers comme aux responsables politiques. Et la liste est encore longue, en France, de toutes ces niches qui n'ont plus aucune raison de persister. En entreprise, les traditionnelles distinctions entre cadres et non cadres s'estompent peu à peu en terme de statut. Et il serait dommage qu'on ressuscite de nouvelles frontières sous couvert d'avantages nouveaux.

Déjà, les analyses font ressortir une nette coupure entre les comités de direction et le reste du personnel. Mais c'est là aussi que se trouvent les nouveaux avantages. Le salaire fixe retrouve une vigueur nouvelle après la vogue du variable, petite contrepartie ? Mais plutôt que de laminer tout le monde, on pourrait aussi songer à enrichir tout le monde. En France, on ne s'interroge sans doute pas assez sur le fait que 40% des salariés américains sont aussi actionnaires ....Et ce n'est ni la participation ni l'intéressement qui peuvent être en mesure de donner aux salariés les réflexes de l'actionnaire. Les pilotes d'Air France, nouveaux actionnaires, ne sont, bizarrement, que rarement grévistes....La grève reste l'arme des salariés non actionnaires ; des salariés français peu concernés, finalement, par le sort économique de leur entreprise. Surtout si elle est grande. L'ouverture du capital des entreprises à l'actionnariat salarié, outre l'évident effet de levier sur la motivation, serait probablement beaucoup plus efficace pour leur pouvoir d'achat que le compliqué montage d'exemption de charge des heures supplémentaires. Les hommes, dit-on, sont le premier capital de l'entreprise. Ils aimeraient pouvoir s'en convaincre.

L'action du DRH

La dimension éthique du management et le rôle du DRH en la matière sont abordés sans plusieurs de nos articles. Pour rappel, votre rôle est, même si c'est pompeux, d'incarner la conscience de l'entreprise. Les occasions ne manquent pas dans ce métier de dire : « *Monsieur, ce que vous demandez est économiquement compréhensible, mais éthiquement condamnable* ! ». Vous n'aurez sans doute pas gain de cause à chaque fois, mais vous aurez contribué à élever un peu le niveau de conscience éthique de l'entreprise. A l'heure où on parle de responsabilité sociale de l'entreprise vis à vis de son environnement (RSE), il faudrait peut être commencer à s'interroger sur la responsabilité éthique de l'entreprise vis à vis de ses salariés.

Le lent dépérissement de l'entretien d'évaluation

La mode, entendez le conformisme, règne partout, y compris dans le champ des RH. Il en est ainsi de l'entretien annuel d'évaluation comme de la Gpec. Non que ces deux outils ne soient utiles, mais leur conception et utilisation ne manquent de me laisser pantois ; concernant l'entretien d'évaluation, son contenu et ses règles, beaucoup trop précises et formelles, ont abouti à en faire une corvée, là où l'attente de la rencontre aurait dû être un vrai plaisir.

Tout à notre souci de tout « processuriser », on a oublié que le premier objectif de l'entretien était de se parler.

Se parler et non se croiser, au moins une heure par an. Se parler franchement et sincèrement, d'homme à homme : évacuer les scories d'un an de relations de part et d'autre : mon chef me fait la gueule ; je ne sens plus très bien ce collaborateur. Comme dans un vieux couple, le non-dit soupçonneux et souvent venimeux, s'installe dans le relationnel de ce tandem là que constitue le chef et son subalterne. Il importe d'abord d'en parler, de faire place nette des sous-entendus qui pourrissent la tête des uns et des autres. Parce que l'homme est comme ça ! Toujours prêt à chercher la merde, le noir … sans s'en rendre compte ! Une fois que le terrain est nettoyé, on peut parler du travail de l'année passée, de ce qu'on pourrait faire de mieux l'année à venir.

Mais le mieux de l'année à venir, ce n'est pas aligner d'abord 4 ou 5 objectifs bien carrés sortis d'on ne sait où, inspirés par le siège, comme à l'armée ! C'est relire ensemble la définition de fonction et trouver là d'abord matière à progresser. Parce que le salarié a d'abord été recruté pour effectuer une série de tâches ou de missions. C'est son contrat. Le contrat pour lequel il a signé n'est pas d'abord dans l'exigence d'avoir à satisfaire des objectifs de plus en plus ambitieux pour gagner à la force du poignet des bonus de plus en plus difficiles à atteindre. Il est dans l'excellence du travail à faire et pour lequel il a signé. Là encore, force est de constater que nous appliquons souvent bêtement un mode US de management inspiré du management par objectifs (Dpo et Dppo) imaginé pour des cadres ou des managers, quand nous voulons l'appliquer sauvagement à tous ! Enfin que dire de l'exclusion des objectifs qualitatifs, du respect du fameux Smart, quand on sait que l'essentiel du progrès à effectuer pour la plupart des managers et des salariés est dans l'amélioration des comportements ! Bref, il est grand temps d'avoir un oeil critique sur des pratiques qu'on nous présente comme l'outillage incontournable du manager moderne et de prendre le temps de les assimiler selon notre culture. Le cycle triennal auquel est soumis l'entretien d'évaluation : découverte /application / dépérissement, ne peut s'expliquer que par l'utilisation d'outils trop compliqués, mal adaptés, mal digérés.

L'action du DRH

L'entretien est d'abord une rencontre. Le formalisme, le plus léger possible doit aider à l'enrichir. Et cet enrichissement dépasse de loin la revue des objectifs passés ou à venir; il concerne aussi la satisfaction du salarié mais aussi tout ce que le salarié aurait à dire sur l'amélioration du service, sur la vie de l'entreprise en général, sur le management. Soyez donc vigilants sur les documents qui servent à conduire l'entretien d'évaluation. Soyez vigilants sur le fait que les informations collectées sont la plupart du temps inutilisées. Pensez à supprimer des phases inadaptées comme l'évolution professionnelle (qui doit être traitée à part) et à ajouter des questions non traitées comme la satisfaction du salarié ou ses suggestions sur l'amélioration du fonctionnement du service. Pensez à prendre du recul par rapport à l'orthodoxie de la méthode, qui ne peut être appliquée à tous de la même manière. Pensez aux moyens de conserver intact l'intérêt des deux parties pour cet entretien qui, en général vieillit très mal. En complément, reportez vous à notre article : « Evaluation annuelle / Evolution professionnelle »

ANNEXES

I - Portraits iconoclastes

La secrétaire de direction

Ce n'est pas marqué dessus, comme le port Salut, et pourtant, on la reconnaît de loin la secrétaire du Patron ! A son statut cadre souvent, à son tailleur, à la taille de son bureau, à son salaire, à sa présence à des réunions confidentielles et surtout à son air : un air qui en dit long ; l'air de quelqu'un sur qui rejaillit le prestige de l'important qu'elle sert ; l'air de celle qui en sait beaucoup plus qu'elle ne veut en dire, l'air de quelqu'un qui peut bien au-delà de son appellation secrétariale. La secrétaire de direction, c'est l'Eunuque de service, apparemment impuissante mais diablement présente ; il vaut mieux l'avoir dans ses petits papiers sinon, telle une chatte perfide, elle vous fera tâter de ses griffes, en souplesse, d'une petite réflexion opportunément envoyée aux oreilles de son puissant maître : « *Avec celui là, c'est toujours ....* »

Bien peu résistent à la délectation d'user du pouvoir d'influence que leur procure le ménage professionnel quotidien des lieux de pouvoir ; la secrétaire de direction sourit plus qu'elle ne rit ; elle est pourtant la grande ordonnatrice des fêtes de la maisonnée ; mais elle a conscience de son rôle qui ne saurait se satisfaire de calembours ordinaires ; du grand livre de l'orthographe, elle est le censeur vigilant et corrige souvent le travail des secrétaires ordinaires, en poussant des soupirs de désespoir ; sa culture l'autorise aux échanges subtils avec les cadres les plus cultivés ; son expérience lui fait irrémédiablement condamner les jeunes Bac + 2, pour abus du titre d'Assistante ! Mais attention aux généralités, les plus jolies ont moins besoin de culture. Et les plus moches sont condamnées à soigner un chignon impeccable, à posséder sur le bout du pouce, le code des bonnes manières et à travailler plus que leurs consoeurs ! Plus la société est importante, plus la secrétaire du Patron rassemble les qualités de la professionnelle et celles d'une parfaite hôtesse ! Le petit Patron, quand il en a une, est beaucoup moins exigeant sur les formes, mais beaucoup plus sur la quantité de travail ; elle lui sert souvent de contremaître et, si elle fait les payes en plus, les comptes seront assurément bien gardés ; drame quand la société grandit ! Sa méconnaissance de l'anglais risque de la perdre et de lui faire descendre un étage ! La secrétaire idéale du Patron n'est pas mariée et a fait don de sa vie à la cause ; elle ne vieillit pas, ou si peu, et est la mémoire vivante de la société. Un mot ou quelques signes griffonnés lui suffisent à composer une lettre entière. Tout lui passe entre les mains, surtout les appels téléphoniques au bureau du directeur de cabinet du préfet, ou du ministre, ainsi que la composition florale du jour Les femmes de ménage la craignent et les coursiers la respectent ; tout comme les traiteurs ; gare aux plateaux repas avariés car ils lui vaudront une réflexion désagréable du maître ! Les Agences de voyage la courtisent ; même si les conventions lui interdisent souvent d'y participer. Championne du maniement des ciseaux, les articles « intéressants » de la presse et des revues spécialisées passent au rasoir tous les matins avant d'être dûment photocopiés et envoyés aux « happy few » du pouvoir. Sensible à ses horaires de travail, le Patron a fini par lui consentir l'usage d'une petite main bien utile et surtout très discrète. Mais comment peut-on se sentir Patron sans secrétaire de Direction ?

Le directeur de production

Le Directeur de prod' est un dur à cuire ! Les vapeurs de ses machines lui importent plus que celles du DRH ou du médecin du travail ; c'est qu'il n'est pas un utilisateur de moquettes, lui ; ni un habitué du dernier salon où l'on cause ! C'est un gars de terrain qui a sué sous le burnous avant d'en arriver là ; on ne lui fait pas le coup ! Turcs, arabes ou yougo, il les connaît ; le menuet verbal n'est pas son genre littéraire préféré et la ligne droite est toujours la plus efficace quand il a quelque chose à dire ; même l'emploi du temps du Directeur doit composer avec le rythme de ses machines. Accoucheur, médecin ou réanimateur selon les cas, il veille sur la santé de ses lignes et s'enfièvre avec elles dès que ça tousse un peu ; les spécialiste de l'entretien et de la qualité, empêcheurs de produire en rond, ne sont pour lui que des radiesthésistes charlatans, les syndicats, des chancres, et les services du personnel de la sécurité et de l'environnement, de joyeux écologistes. Quant aux commerciaux, mieux vaut ne pas en parler : ils n'ont toujours pas compris qu'il fallait vendre ce qu'on produisait ! Pour le prix qu'ils sont payés en plus ! Les horaires, c'est carré ; le risque ça se mesure entre professionnels, chiffres à l'appui ; les heures supplémentaires ça ne se choisit pas, ça s'exécute ! Mais que font donc tous ces types assis dans les bureauxà ergoter en permanence ? Ses statistiques à lui sont les bonnes, celles des comptables toujours un peu frelatées ; c'est au cul de la machine que ça se passe, pas en boutons de manchette. « *Envoyez moi l'inspecteur du travail, je vais lui expliquer comment ça marche !* » Ah ! Si seulement, il n'y avait pas tous ces bureaucrates pour nous ruiner le boulot !

Le chef comptable

Des manches de lustrine dans la tête, le chef comptable est un traditionaliste et un bon exécutant ; son service ressemble toujours étrangement à une petite classe bien tenue ; la permission est requise des « élèves » pour aller faire pipi ; chiffres en colonne comme pleins et déliés sont la base du métier ; il frappe toujours 3 fois avant d'entrer dans le bureau du directeur, qu'il laisse parler sa langue comptable comme s'il en connaissait plus que lui ! *Science sans conscience n'est que ruine de l'âme,* est une citation qui lui est inconnue. Il est le gardien du chiffre, fréquemment appelé à la rescousse quand les représentants du personnel semblent avoir compris ce qu'ils n'avaient pas à comprendre ; un petit camembert et quelques pourcentages de charges comparées avec le Sud est asiatique sauveront l'affaire. La mécanique humaine et ses lois ne servent qu'a dépenser plus, quand lui fait tout pour l'inverse. Le Patron est-il tenté d'y sacrifier, qu'une petite multiplication de la générosité esquissée remettra vite les choses à leur place ! Et sans les charges en plus ! Mais ils sont souvent gentils les chefs comptables, sans une once de méchanceté ; le sens critique leur est inconnu, dans tous les sens ; vers le haut comme vers le bas ; ce sont des techniciens qui font la guerre sans se poser de question convaincus que leur cause est forcément bonne. La dimension politique des décisions leur est une langue incompréhensible; plus apparatchiks qu'eux, tu meurs ! La chasse aux centimes est leur sport favori ; ils lui consacrent l'essentiel de leur temps de travail et même souvent leurs soirées à la maison ; mais quel bonheur de remettre 3 mois plus tard à son patron, le Vrai chiffre ; celui qu'on retrouve en additionnant, en tous sens, tous les comptes, dans tous les livres ; dommage que l'ordinateur ait brisé un peu le charme du métier !

Le DRH

Son regard est foudroyant, jésuistique, psychanalytique, inquisiteur, empathique, au choix ; c'est un regard de spécialiste ; des doigts nicotinés au fard des yeux, il va vous bâtir un schéma comportemental dont vous me direz des nouvelles ! Le directeur du personnel, c'est le Grand Inquisiteur ; tout l'intéresse : du plus petit potin aux grandes manoeuvres politiques nationales ; tout évènement passe au crible de son esprit aiguisé. C'est le Foucher de l'Entreprise, tissant avec minutie son service de renseignements ; il sait que ses rapports lui vaudront plus de considération que la proposition d'une stratégie sociale dynamique et forcément un peu coûteuse. Il est de tous les coups, le DRH, surtout les coups fourrés ; ses exploits, hélas, demeurent le plus souvent cachés, mais ce n'est pas grave ; ça ne fait qu'ajouter à la crainte qu'il adore inspirer ! Le jeu de go est sa Bible ; encercler ses adversaires sans les étouffer est sa stratégie favorite ; rendre son affidé le plus grand nombre possible de gens est l'aune de sa réussite ; ça sert toujours à un moment ou à un autre. Dans tout DRH sommeille une Cléopâtre cachée derrière son Pompée de patron ; c'est sa manière à lui de prendre sa revanche sur des opérationnels qui le prennent toujours un peu de haut. Le DRH est aussi un grand séducteur ; tel un cobra, il endort ses proies en leur jouant de la flûte et ça marche plus souvent qu'on ne croit. Son heure de gloire, il la vit quand l'Entreprise va mal : grève, accident du travail, licenciement économique ; c'est à ce moment qu'il est en pleine lumière et peut donner toute sa mesure, car il focalise toute l'attention du patron ! Hélas, les grèves se font rare ! Heureusement, il reste les séances de négociation salariale, les nouveaux textes de loi et une grande classique : les séances annuelles d'augmentation individuelle. Les cercles de qualité ont failli lui conférer des galons d'opérationnel, mais le coup a foiré. Seconde tentative avec la gestion prévisionnelle des emplois et des compétences, mais ce ne fut qu'un météore, qui l'a vite fait rentrer dans le quotidien des licenciements économiques ; la certification qualité, hélas, n'est pas de ses compétences. 68 ou 81, c'était quand même le bon temps !

L'institutionnel

Il a de l'allure, l'institutionnel ! Fruit d'un amour coupable entre un faux entreprenant et un vrai rond de cuir, il s'affaire toute sa vie à se donner de l'importance ; tout lui est bon ; la moindre réunion avec un directeur quelconque, la moindre conférence, le moindre article de journal, la moindre visite du moindre sous préfet ou politique, tout le met en émoi ; car l'institutionnel ne vit que de la considération de la gente administrative ou politique ; que dire alors du ministre qu'il aura pu approcher quelques secondes ou, honneur suprême, près duquel il aura été photographié. Les temps étant ce qu'ils sont, l'institutionnel sait que pour se mettre en valeur, il lui faut rendre quelque service aux entrepreneurs ; il s'y emploie comme un fou, en puisant dans l'arsenal inextricable des aides et subventions nationales et européennes, quitte à prendre quelque liberté avec les critères d'obtention. Le monde de l'Entreprise ne lui est pourtant que du chinois ; il ne l'a jamais fréquentée ou n'y a pas réussi, mais peu importe, il veut l'aider, convaincu que sans son aide lui est vitale. Le summum : réussir à organiser une réunion consacrée aux entreprises en ayant obtenu, à force de coups de téléphone, qu'un homme d'entreprise y témoigne, lui servant d'alibi, au milieu d'une cohorte de gens comme lui : justification de quelques semaines de travail en même temps que de son existence. A côté de ces temps forts, sa vie se déroule fortement occupée par des réunions aussi nombreuses que variées, mais toutes aussi improductives qu'inutiles.

Performance, compétitivité, licenciement, blocage des salaires, mondialisation s'appliquent à tous, sauf à lui, même s'il use en permanence de ce vocabulaire de combat. Mais en France, c'est encore ainsi que les choses se passent : une armée de gens à l'abri de la tourmente économique, enfermés dans des bureaux douillets, vivent par et pour des entreprises qui n'ont pas besoin d'eux mais qui, apparemment, suffisent à justifier leur existence. Point d'orgue d'une carrière grise, le besogneux savourera pourtant son heure de gloire, quand ses bonnes relations, à défaut de son mérite, lui vaudront la remise des palmes académiques. Ce jour là, devant un public admiratif et connaisseur, il troussera un de ces discours dont Landernau parlera encore longtemps, après qu'aura sonné l'heure d'une retraite bien peu méritée …

Il est heureux le formateur ; une fois entré dans le circuit, « ça baigne ! », surtout s'il travaille dans le savoir être ! Tout passe pourvu qu'on leur parle d'eux ! Certes, il a fallu préparer le fond de cours, mais l'investissement est rentable : l'Homme ne change pas tous les matins ; un gros tiers de théorie, un moyen tiers de cas pratiques et un petit tiers de ludique, une pause café, un déjeuner animé et le tout est dans le sac ! L'appréciation sera bonne. Formateur est actuellement l'un des seuls métiers où l'on peut gagner beaucoup d'argent sans être obligé de prouver une véritable qualification. Personne ne vous demande autre chose que de plaire et d'intéresser. Le marché est vaste : stages demandeurs d'emploi, écoles en tout genre, salariés d'entreprises, il y en aura pour tout le monde ; il suffit de demander ; le formateur est capable, en un tournemain, de parler facilement de tout. A-t-il un   trou ? Pas de problème, un petit tour de table occupera la moitié de l'après midi à moins qu'une petite vidéo. Car la formation continue a l'art de vendre en 3 jours ce qui pourrait facilement tenir en un ! C'est la formation continuée. Les Formateurs les plus remarquables sont les formateurs en communication, car ils voyagent entre les abysses de l'être intime et la ligne de crête du métaphysique. Une fois gagnée la confiance du public, le formateur en communication se risque facilement à livrer sa fantaisie ésotérique favorite, au choix : psycho-morphologie, graphologie, numérologie, astrologie, pour le plus grand plaisir de tous ! En effet, une proportion importante de formateurs en communication, de culture psycho, ne peut résister au plaisir de faire part de son hobby en recherche psychologique, en rêvant d'ouvrir un cabinet de psychothérapie qu'elle n'ouvrira jamais.   Malheur à vous si l'un d'entre eux perçoit de votre part la moindre interrogation existentielle, car ils vous assèneront une potion verbale qui vous fera douter à jamais de votre équilibre ! Ce qui compte, n'est-il pas de faire partie de ceux qui sont « en recherche » ? Nouveaux prêtres d'une société déboussolée, programmation neuro-linguistique et analyse transactionnelle constituent le latin qui crédibilise leurs cérémonies. Ils réussissent d'autant mieux leur prestation qu'ils s'adressent à un public insatiable de son « moi ». Hélas, leur science ésotérique est aussi large que leur vécu du quotidien de l'entreprise est mince. Pourtant, ça se vend bien, parce que les « acheteurs » de formation ont souvent partagé les mêmes études. Leurs confrères des cabinets de « reconversion » font preuve de la même assurance : demandeur d'emploi ou salarié en repositionnement livré à la moulinette d'un cabinet spécialisé en gestion prévisionnelle des emplois agréé bilan des compétences, ne te fais pas de souci ! Il y a de fortes chances pour qu'une gamine armée des résultats d'une batterie de tests et de sa licence en psycho, te gronde et te houspille comme le vilain petit garçon que tu es, de ne pas te secouer plus ! Drôle de corporation qui enseigne la vie à des gens qui ont vécu trois fois la leur ! Certes, les formateurs ne peuvent pas rivaliser avec les gourous de passage, mais avec un petit diplôme obtenu facilement en formation continue, ils pourront finir leur carrière comme proff vacataire dans l'enseignement supérieur, le salaire en plus et les emmerdements de l'Entreprise en moins !

Le Dauphin

Les places de dauphin sont les plus recherchées ; et elles sont aussi nombreuses qu'il a de postes significatifs de pouvoir. Le profil idéal pour y atteindre, et s'y maintenir, consiste à greffer sur une formation reconnue de qualité, des vertus de travailleur, un culte avoué pour son entreprise et son chef et surtout, suffisamment de diplomatie pour éviter de se « griller » par des prises de position qui viendraient contredire les souhaits et les inclinaisons du chef ; en deux mots, le dauphin sait prendre le vent et est souvent le plus rusé et le plus hypocrite ; c'est aussi la raison pour laquelle il reste le plus souvent silencieux. S'il prend la précaution d'allonger un peu ses soirées au travail, et a la chance de se trouver auprès du Patron dans quelque circonstance délicate, tous les espoirs lui sont permis. Si, en plus, il a le bon goût de partager les idées politiques, voire religieuses, de son Patron, il pourra même se permettre quelques faux pas sans encourir la mauvaise humeur ou la disgrâce du patron : il sera vite pardonné moyennant un petit simulacre de repentir. L'épouse sera utilement mise à contribution en manifestant un peu d'attention pour la femme ou la famille du patron : invitation à prendre le thé ou recommandation réussie d'un bon médecin généraliste ou d'une bonne école pour les enfants. Le Dauphin est un fin politique que rien ne saurait distraire de sa seule raison d'exister : la conquête du pouvoir ! Peu lui importe que vous ayez tort ou raison, il ne vous soutiendra que si le rapport de forces du moment vous donne une quelconque utilité ! Car les vents tournent vite. J'ai toujours été stupéfait d'entendre louanger le roi d'Espagne, Juan Carlos 1er, pour son habileté quand il a pu, sans se trahir, vivre dans l'intimité du dictateur Franco pendant 20 ans ! C'est dire si les dauphins sont des hommes d'une nature particulière ! Que doit- on le plus faire, les admirer pour un sens peu commun de l'entregent ou les détester pour leur excellence dans la pratique de la dissimulation ? Mon expérience m'a appris que la réussite va plus souvent à ces experts en dissimulation qu'à ces imprudents qui disent tout haut ce que tout le monde pense tout bas, souvent pour le plus grand bien de leur Société, et le plus grand mal à leur carrière !

Le secrétaire du CE

Il est tout rond, le secrétaire du CE ; on l'a d'ailleurs choisi pour sa capacité à faire le grand écart ! Car, rien ne lui fait plus peur que le conflit ! Aussi, consacre-t-il toute son énergie à les étouffer ! Rassurer le patron, puis les délégués syndicaux ou du personnel, ou l'inverse, est sa mission. C'est le champion du consensus toutes catégories. Aussi, ce qu'il préfère, c'est l'organisation de l'arbre de Noël. Là, au moins, il fait l'unanimité. Le compliment suprême : être taxé de « quelqu'un de compréhensif » par le patron. Le Compréhensif, c'est quelqu'un qui ne pose pas de question déplacées, n'est pas plus curieux qu'il convient, comprend avec empathie tout ce qu'on lui demande et sait répondre avec une candeur confondante à chaque fois que la situation se présente « qu'il comprend bien mais que les autres ne veulent pas comprendre, qu'il leur a dit mais que ce n'est pas facile à expliquer ! ». Le secrétaire du Ce n'est pas regardant et accepte sans sourciller que le compte rendu des réunions du CE, remanié 30 fois, et produit avec beaucoup de retard, ne ressemble pas tout à fait à ce qui s'est dit ! Le secrétaire du CE écoute avec attention les explications de l'expert comptable de l'Entreprise,   fait mine de comprendre, et s'excuse de fouler la moquette de la salle de réunion, trop heureux d'être admis dans le saint des saints de la Direction. Il a conscience, par son comportement compréhensif, d'être le garant de la paix sociale dans l'entreprise ! Le plus difficile, c'est d'annoncer, par un petit coup de téléphone discret au patron, qu'il n'est pas pour la grève, mais que, vu sa position, les autres ne comprendraient pas qu'il ne la fasse pas ! La sélection des fournisseurs l'occupe beaucoup, sauf s'il a pris soin de mettre en place des « commissions », en « grand manager » qu'il s'imagine être parfois. Des places de cinéma aux coupons de réduction, il fait tout pour le bonheur de ses salariés consommateurs ! Les conditions de travail et de sécurité dévolues à l'une de ses commissions ne le préoccupent pas outre mesure, persuadé qu'il est que le Patron fait ce qu'il peut avec un médecin du travail aussi convaincu que lui même de la préservation du consensus ! Restructurations et fusions lui apparaissent toujours inéluctables « vu le prix de la main d'oeuvre et des charges », en France ! A sa décharge, il n'a pas les moyens de s'opposer aux technocrates du Patron ; sa culture et son pragmatisme le rendent plus aptes à organiser des tournois de foot ou de ping pong auxquels il ne manquera pas d'inviter le Patron qui le félicitera pour la qualité de son travail et son dévouement. Dans le jeu de rôle du Bon, de la Brute et du truand, il n'est jamais la Brute ; il laisse cela aux délégués du Personnel ou aux délégués syndicaux. On a les patrons qu'on mérite et les patrons, en retour, ont les représentants du Personnel qu'ils méritent. Ainsi va le monde, et pour longtemps encore, hélas !

II - Maximes et petites phrases aptes à aiguiser le jugement du Manager

* Il n'y a pas une grande différence chronométrique entre une bonne et une mauvaise voiture de F1, entre un excellent moteur et un moteur correct. C'est la stabilité, la sérénité, la vision à long terme, la rigueur, le soin du détail, l'organisation, l'implication des bonnes compétences aux bons postes, la cohésion du collectif et le plaisir de travailler ensemble qui séparent un figurant d'un vainqueur ! Auto – Moto (sept 2000)

* La définition des objectifs et la capacité à les faire partager, c'est le rôle des gouvernants, à condition qu'ils abandonnent cette conception de la politique selon laquelle le gouvernement n'est fondé à agir que s'il est en phase avec les mouvements de l'opinion mesurés par les sondages. Il ne peut y avoir d'Etat efficace s'il n'est pas orienté et irrigué par un projet politique, une volonté. L'Etat, c'est d'abord un instrument de cohésion et de projection dans l'avenir. JP Chevènement – l'Express 23/11/2000

* Les Américains ont moins d'accidents de voitures que les français, et pourtant ils n'ont pratiquement pas de permis de conduire.

* Les créateurs, les artistes sont toujours des hommes seuls. Jospin à propos de son ex ministre de l'éducation nationale Claude Allegre.

* Les créatifs ne sont pas diplômés, ils sortent souvent de la rue où ils ont frotté leur cervelle à celle des autres, au monde, ont changé de métier. Seguela

* Sur les terrains de foot comme dans les entreprises, il y a ceux qui mouillent la chemise et les autres (JB)

* le management raconté par les théoriciens, c'est une visite d'appartement, rarement la visite de l'immeuble, et souvent l'ouverture d'une pièce nouvelle dont on se demande à quoi elle va bien pouvoir servir (JB)

* De tous les facteurs qui favorisent la délinquance, l'attitude des parents est le plus déterminant : quel que soit leur milieu social, pauvre ou aisé, les lycéens qui sont soumis à un contrôle parental faible commettent deux fois plus d'actes de délinquance que les autres. La face cachée de la délinquance – l'Express 28/09/2000

* Le problème de l'avenir n'est pas celui du comment, c'est celui du pourquoi (Goedevert)

* Le changement part rarement de la base parce que la base est toujours conservatrice.

* Le Paradis terrestre est là où l'homme sait spontanément ce qui est bien et le fait.

* Les systèmes managériaux sont tous tentés par le totalitarisme de la clef unique (JB)

* Les Employeurs cherchent d'abord des gens qui ont envie de travailler. Les former n'est que secondaire. Le taux de requalification de la main d'oeuvre non qualifiée est 5 fois plus efficace aux Etats unis qu'en France.

* Les Entreprises axées sur le profit manquent de Patrons humanistes et les Organismes à finalité sociale manquent de patrons exigeants (JB)

* Comment voulez vous inciter des gens à réaliser des gains de productivité s'ils ne sont pas partagés ?

* Savoir arrêter la production en cas de problème, ça ne s'apprend pas dans les diplômes !

* Pour les Dirigeants comme pour les salariés, l'entretien d'évaluation est une vraie corvée, alors pourquoi ne pas le supprimer ?

* On a tellement plus de plaisir à rendre un service qu'à satisfaire un droit ! (JB)

* Selon l'OCDE, la part de la population active sous-qualifiée serait de 30% en France contre 14% aux Etats Unis. Contrairement à une idée reçue, l'économie américaine a su créer des emplois à tous les niveaux de qualification. Le taux de chômage est de 2% pour le tiers de la population américaine la mieux formée, mais il n'est aussi que de 7% pour le tiers le moins qualifié. Cet exemple montre que la réduction du taux de qualification est possible à condition que les entreprises abandonnent l'élitisme dans le recrutement, de revoir en grande partie notre système de formation. Challenges N° 149 bis – Août 2000

* Hollywood, c'est un idéal d'européens ! Carl Laemmle, le futur fondateur d'Universal, a traversé l'Atlantique après la mort de sa mère et la ruine de son père ; Adolph Zukor, patron de la Paramount est un orphelin originaire de Hongrie ; Wiliam Fox, qui va fonder la Fox Corporation, a vu son père mettre sa famille sur la paille et le détestait assez pour cracher sur son cercueil. Quant à Luis B Mayer, de la Metro Goldwynn Mayer, il ne se souvient ni du jour ni du lieu de sa naissance en Russie ! Tous ces hommes ont en commun autant leur origine qu'un rejet profond de leur passé ! L'Express – 3/8/2000

* Le succès de la culture cinématographique américaine tient à ce qu'elle consacre la primauté de l'individu sur le groupe. Dans un film américain, il y a toujours un Tom Cruise qui sauve le monde ou casse la gueule au reste de la planète pour rétablir le bien. Un monument des sixties, comme Easy Rider, offre le même message que reprennent toutes les méga productions d'aujourd'hui : la décence, l'intégrité, et le courage de l'individu face à la corruption du groupe. La culture hollywoodienne consacre toujours la primauté de l'individu. L'Express 3/8/2000

* La seule question managériale est : de quel genre de salariés avons nous besoin ? De quelle organisation avons nous besoin ?

* A l'origine de la fondation des USA, il y a une volonté d'être riche avant celle d'être libre ! Jefferson

* Ecrire un essai classique, c'est toujours partir de zéro, ne tenir aucun compte de la bibliographie. Car le monde actuel est si frelaté que ne tenir aucun compte des modes récentes, c'est pratiquer une hygiène indispensable ! René Girard, philosophe. L'Express 13/7/2000

* L'imitation et l'expérimentation sont la base d'acquisition du savoir faire (JB)

* Le commissaire aux comptes, c'est le grand méchant loup des comptables qui veulent faire peur aux autres ! (JB)

* Les hommes ne sont intrinsèquement presque jamais mauvais, c'est le rôle qu'ils jouent, ou qu'on leur fait jouer, qui est souvent discutable. (JB)

* Il faut savoir mettre un petit d'art dans son entreprise ou un petit peu d'esprit d'entreprise dans son art (Jouvet)

* Relations sociales, une triple option doit toujours être proposée : on se téléphone et on se tutoie. On s'écrit et on se dit vous. On se fait des procès et on dit « la partie adverse ».

* Le meilleur patron est toujours celui qui sollicite ce qu'il y a de meilleur dans l'homme !

* S'adresser au meilleur de l'homme, c'est presque toujours s'adresser à l'enfant qu'il a été, et faire référence à sa fraîcheur, sa spontanéité, son authenticité, sa simplicité, son honnêteté, sa générosité, et non à l'être qu'il est devenu, au rôle qu'il se croit obligé de jouer .

* La ligne de fracture, en tous domaines, passe souvent par le clivage qu'on peut établir entre les Anciens et les Modernes ! (JB)

* On ne fait rien sans de grands Hommes (Charles De Gaulle)

* Les études supérieures tuent souvent l'esprit d'entreprendre quand ce n'est pas le goût de l'action, parce qu'on n'a plus rien à risquer ! Elles ne servent souvent qu'à entretenir le goût de la spéculation intellectuelle.

* La voie du plus grand risque est la voie du plus grand succès. Bergson

* Dans une culture encore largement imprégnée du judéo chrétien, le management participatif trouve peut être sa source dans l'idée chrétienne de communauté. On ne peut pas être chrétien tout seul !

* Ce qui compte, ce n'est pas le principe de la procédure, c'est son orientation, son sens. Si elle est faite pour servir le sommet stratégique, elle renforce la centralisation. Si elle est faite pour faciliter l'exécution du process, elle contribue à la productivité.

* Dans les entreprises privées, l'efficacité est recherchée parce qu'elle satisfait le but du profit. Dans une entreprise publique ou institutionnelle, c'est la conciliation dont l'effet est souvent inefficace qui est recherchée parce qu'elle satisfait la représentation institutionnelle.

* Après une étude comparative sérieuse qui a duré 2 ans et concerné plus de 20 pays, l'OCDE vient de décerner à la France le titre de championne du monde de la bureaucratie. Une étude similaire du Commissariat général au Plan conduit à une conclusion similaire : la France doit se débureaucratiser et moderniser son appareil d'état .Claude Allegre « Avis à la bureaucratie » L'Express 20/7/2000

* Seules 35 % des informations reçues en formation sont conservées trois mois après la fin de cette dernière ! Source : Mercuri International

* Plus les individus sont en situation difficile, plus le manque de culture est criant, plus il faut rechercher la profondeur, l'essentiel. A la surface, on n'a aucune chance de se rencontrer. On ne peut se rejoindre que dans l'essentiel, les bases, les fondements, pas la légèreté, mais la gravité. L'école n'est pas la rue, ni la télé, ni le supermarché. C'est un lieu de prise de distance par rapport à la dictature du présent. A l'école on doit avoir le temps, le temps de se poser. La vitesse, l'instantanéité, la transparence, l'équivalence m'ennuient ! La plus courte distance n'est pas celle dans laquelle on s'épanouit le plus.Denis Guedj mathématicien

* Nous vivons à l'époque du surmenage et du manque d'instruction ; l'époque où les gens sont si industrieux qu'ils en deviennent complètement idiots. Oscar Wilde

* L'initiative, c'est une question de couilles, plus un minimum de prêt ! Guillaume Bretin – Créateur d'entreprise (Ses frères Jean Hugues et Thibaud, en ont aussi..)

* Humaniser l'homme par la culture, c'était la grande promesse des lumières. Au fur et à mesure que déclineraient les croyances religieuses, affirmait Voltaire, les haines se dissiperaient. La fin de la croyance se révèle un processus beaucoup plus dangereux que ne l'avaient prévu les philosophes. En quête d'un enfer, nous avons appris à l'édifier et à le faire fonctionner sur terre. Nous connaissons non seulement une crise de la culture, mais aussi un renoncement à la raison. La promesse des lumières n'a pas été tenue. Les bibliothèques, musées, théatres, universités peuvent très bien prospérer à l'ombre des camps de concentration. Nous le comprenons maintenant : la culture ne rend pas plus humain. Elle peut même rendre insensible à la misère de l'homme George Steiner

* Vous êtes un homme en angles aigus, je suis fatigué des hommes ronds ! F Mitterrand à Michel Sardou.

* Ce qui compte, dans le travail, ce n'est pas ce qu'on est, ni ce qu'on écrit, c'est ce qu'on fait. (JB)

* A la tête de ma cité, je mettrai des poètes et des prêtres et ils réveilleront les hommes. Saint Exupéry

* « Une société qui ne se préoccupe que de protéger contre les risques est une société tournée vers le déclin. Le risque zéro n'existe pas, ou plutôt, il n'existe qu'après la mort pour un individu comme pour une société. Le dynamisme, l'effort, la vie, c'est le risque. Les pays asiatiques, menacés par les volcans, les séismes et les cyclones, sont économiquement les plus dynamiques. La menace du Big One ne paralyse pas la baie de San Francisco, elle la dope. (Principe de précaution, piège à cons). Claude Allègre.

* On confond trop souvent les gens sympathiques avec les gens qui ont du talent et les gens qui ont du talent avec les gens pas sympathiques. JB

* Il y a un grand fond de vanité mais aussi de naïveté chez les intellectuels. Maurice Béjart

* Il ne faut pas se laisser entortiller par les psychanalystes et autres fumistes. De Gaulle à Alain Peyrefitte, pendant la crise de Mai 68

* Le rôle de l'école est d'émanciper l'être humain en lui transmettant des savoirs, mais aussi des savoir faire et des vertus. C'est par le mérite et le travail qu'on s'élève. Aujourd'hui, être de gauche, c'est refuser de soutenir un collège uniforme qui dédaigne la diversité des intelligences et pratique l'acharnement académique par mépris pour la technologie et les savoirs professionnels. Jean Luc Mélenchon (ministre délégué à l'enseignement professionnel – 22/03/2001)

* Que tous les voyageurs mènent leur chemin. Puissent-ils accomplir la voie qui est leur destinée et leur mission accomplie, retrouver leurs proches et ceux qui leur sont chers !

* Sans liberté de blâmer, il n'est point d'éloge flatteur. Il n'y a que les petits hommes qui méritent les petits écrits. Beaumarchais

* L'important n'est pas de vaincre, mais de faire ce qui est juste et d'être en paix avec sa conscience. Ali Butho.

* Plutôt rompre que plier, car nous sommes des hommes libres (JB)

* La vie est trop courte pour qu'on la gâche, en acceptant d'obéir tout le temps (JB)

Jean Bretin
Le 19 Février 2017